Kurt Huber

Musikästhetik

SEVERUS

Huber, Kurt: Musikästhetik
Hamburg, SEVERUS Verlag 2014

ISBN: 978-3-86347-957-2
Druck: SEVERUS Verlag, Hamburg, 2014
Nachdruck der Originalausgabe von 1954

Der SEVERUS Verlag ist ein Imprint der Diplomica Verlag GmbH.

Bibliografische Information der Deutschen Nationalbibliothek:
Die Deutsche Nationalbibliothek verzeichnet diese Publikation in der Deutschen Nationalbibliografie; detaillierte bibliografische Daten sind im Internet über http://dnb.d-nb.de abrufbar.

SEVERUS

KURT HUBER

MUSIKÄSTHETIK

INHALTSVERZEICHNIS

1. KAPITEL

BEGRIFF DER MUSIKÄSTHETIK STELLUNG DERSELBEN IM SYSTEM DER MUSIKWISSENSCHAFT

Musikästhetik ist ein Wissenschafts=System — Philosophen= und Künstler=Ästhetik — Aufgabe der Musikästhetik, das musikalische Kunstwerk als Objekt des ästhetischen Erlebens.

Abgrenzung der Musikästhetik gegen Teildisziplinen der allgemeinen Musikwissenschaft: Psychologischer Unterbau der Musikästhetik; Normwissenschaft und musikalische Kritik; — Wertwissenschaft gegen Tatsachenwissenschaft der Ton= und Musikpsychologie und die „Naturwissenschaften" des Hörens, der Akustik, Physiologie des Hörens; — Abgrenzung gegen die Disziplinen der Musiktheorie und der musikalischen Logik; — und gegen Musikgeschichte, die sich auf historischer Kritik, nicht auf ästhetischer Kritik gründet; Stellungnahme zu ästhetik=freier Darstellung der Musikgeschichte.

Psychologistische Richtung der Musikästhetik, besonders Schmitz — Apriorisch aufgefaßte Theorie der Schönheitsidee, Arth. Wolfg. Cohn; — Identifizierung von Musikästhetik und Musiktheorie, Cohn und der spätere Riemann; Verkennung des ästhetischen Verhaltens.

2. KAPITEL

DIE HAUPTRICHTUNGEN DER MUSIKÄSTHETIK IN HISTORISCHEM ÜBERBLICK

Seite 38

1. a) *Die primitiven Kulturen* erleben die Töne nicht in ihrem So-sein, sondern in ihrer Wirkung. Auch die Antike huldigte einer Wirkungstheorie der Musik; Affektenlehre bei Plato und in Spätantike, Musikethik (nicht Musikästhetik). – Materialistische Spieltheorie bei Philodem und Sextus Empiricus (nicht formalistische Auffassung).

Den Schritt von der Wirkungstheorie zu einer inhaltsästhetischen Affektenlehre vollzieht erst die Spätrenaissance, hierbei begünstigt durch theoretische Analogisierung der Musik mit der Sprache und durch praktische Verwendung von Musik als Ausdrucksmittel eines Seelischen. Nunmehr die Frage nach Formal-Ästhetik und Inhalts-Ästhetik und der Kampf um die Vorherrschaft der einen oder anderen Richtung. Zarlino, Pietro della Valle; die Figurenlehre des 17. und 18. Jahrhunderts. Die Ausdrucksästhetik dieser Jahrhunderte geht induktiv vor, legt den letzten Nachdruck auf das Verstehen des in der musikalischen Form liegenden Inhalts.

Der französische Rationalismus betont den ebenfalls von der Antike entnommenen Grundgedanken, daß die Musik Nachahmung der Natur (der seelischen Natur des Menschen) sei. Neben die Forderung der Schönheit der musikalischen Form tritt die Forderung der Wahrheit des musikalischen Ausdrucks. Der Opernstreit um das Vorrecht des Schönheits- oder Wahrheitsprinzips.

b) *Die mathematische und zahlensymbolische Auffassung der Musik.* Von pythagoreischer Schule experimentell aufgezeigt, in der Philosophenschule zu kosmischer Sphärentheorie ausgebaut. Musik wird zu mathematischem Wissenschaftszweig, wird mit halbreligiösen Spekulationen verbrämt.

Musiklehre des Mittelalters, ihre Stellung in den „7 freien Künsten", Musica speculativa.

Musikalische Metaphysik bei Leibniz, das ästhetische Erleben wird zu undeutlicher Erkenntnis. (Verwandte Anschauungen in neuerer Literatur.)

c) *Die englische sensualistische Ästhetik.* Frage nach dem Ursprung der ästhetischen Gefühle: Musik ist Kombination von Tonempfindungen, ein Spiel von Tönen. Frage nach dem Urgrund der Musik: aus der Sprache geboren? oder davon unabhängig?

2. a) *Kant.* Grundlegung einer Ästhetik als Wissenschaft, die Frage nach dem ästhetischen Urteil. Der Versuch jedoch, die sensualistische Ästhetik und die Affektenlehre in höherer Einheit zusammenzufassen, ist mißglückt. Forderungen an das Erlebnis des „Schönen": Forminhalt, der bestehen bleibt. Musik aber ist (nach Kant) Spiel der Tonempfindungen in der Zeit. Kants Fehler: unmusikalische Anschauung über musikalische Form; Ansätze zu musikalischem Formalismus.

Problem der nach-kantischen Musikästhetik. Schiller, Schelling.

b) *Herder.* Von Grund auf obwaltet eine andere Einstellung als bei Kant: Gefühle als Objekte unserer ästhetischen Betrachtung; mitempfindend erfassen wir die Töne als Ausdruck eines Seelischen außer uns; Musik als Ausdruckskunst. Kosmische Weite, romantische Einfühlungstheorie; Erlebnis-Ästhetik.

Die Weiterentwicklung des Problems: Aufgabe einer Synthese mit dem auf Kant sich gründenden transzendentalen Idealismus.

c) *Transzendentaler Idealismus, Romantik.* Fichtes System umbildend, Kants Gedanken der Natur-Teleologie und Herders Allbeseelungslehre verbindend, entwickelt Schelling ein ästhetisches Naturbild; von ihm aus bestimmt sich eine Auffassung der Kunst: Verhältnis von Natur und Kunst; kosmische Musik-Metaphysik; Rhythmus der eigentliche Formträger; Lösung des Formproblems.

Hegel geht bei Bestimmung des Phänomens des Klanges den deduktiven Weg: Die logische Idee der Innerlichkeit gestaltet sich zur Realität im tönenden Körper; die Kunst der Töne ist so recht die Kunst der Innerlichkeit, des Gemütes. Hegels Lehre von der Entfaltung des Geistes in stufenweisem Fortgang; das Schöne als anschauliche Offenbarung des Geistes; diese Aufgabe ist in der Natur zufällig und unbewußt gelöst, sie ist in der Kunst restlos und bewußt zu lösen.

Schopenhauer, Antipode der drei vorgenannten Systematiker, nicht frei von Dilettantismen. Bei ihm wird Musik zum Abbild der höchsten Objektivationen des Willens, des besonnenen Lebens und Strebens. Sie drückt das Wesentliche der Gefühle aus und wird also zur eigentlichen metaphysischen Kunst.

Zusammenfassung: Durch den deutschen Idealismus ist der Nachahmungsgedanke, der die Affektenlehre der vorausgegangenen Jahrhunderte beherrscht, für die Musik prinzipiell überwunden. Die Liebe der romantischen Philosophie zur Musik gründet sich darauf, daß sie allein hinter die Erscheinung in das Reich des An-sich-seienden vorzudringen scheint. Der Gegensatz zwischen Musik und den übrigen Künsten wurde als metaphysischer begriffen.

Diesen als metaphysisch bestimmten Gegensatz löst Nietzsche in einen kategorialen Gegensatz zweier letzter künstlerischer Grundtriebe auf: in Kunst des Traumes und Kunst des Rausches, in apollinisches und dionysisches Prinzip. Musik ist Rauschkunst; sie bannt Leben, den „Willen" (Schopenhauer); „nachahmende" Musik ist Zeichen künstlerischen Verfalls. Nicht die einzelnen Künste als Realitäten, sondern ihre Kategorien, das „Musikalische", das „Plastische" usw. sind spezifisch voneinander verschieden, führen zu gegenseitiger Bereicherung. Einheit der Kunst in der Mannigfaltigkeit der Künste.

Richard Wagners Folgerungen für die Praxis.

d) *Der idealistischen Inhalts-Einstellung steht eine naturalistische gegenüber:* Neubildung der Affektentheorie, Ursprung der Musik aus der Sprache, dem Schrei; die

Musik vermittelt reale Gefühlsgehalte. Friedr. v. Hausegger.

Eduard v. Hartmann, Epigone der idealistischen Systematiker: Musik vermittelt scheinhafte Gefühle.

Formalistische Auffassung, Herbart. Hanslick: die Gefühle des musikalischen Genusses sind unklar; Musik ist tönend bewegte Form; Bewegungs-, Steigerungseindrücke usw. sind Form und Inhalt der Musik zugleich. Zimmermann.

Versuche, die verschiedenen Systeme miteinander zu verbinden: Siebecks psychologische Einstellung.

3. PSYCHOLOGISCHE AUSRICHTUNG DER MUSIKÄSTHETIK

durch Fechner. Die psychologische experimentelle Arbeitsweise beschränkt auf elementare Frage, ungeeignet für Entscheidungen über Wertgehalte.

SYSTEMATISCHER TEIL

3. KAPITEL

PHÄNOMENOLOGIE DES MUSIKALISCHEN GENUSSES DAS GENIESSEN

DAS MUSIKALISCHE KUNSTWERK

Seite 74

1. GEGENSTAND DER MUSIKÄSTHETIK

Angewandte Kunst ist nicht außerästhetisch.

2. GENIESSEN IST VERSCHIEDEN VON GEFALLEN

Letzteres bedeutet bereits ein Urteil; das primäre Erleben am Objekt ist „Genießen". Dieses ist Aufnahme des ästhetischen Gegenstandes, unter Aufhebung des theoretischen Urteils über ihn; es ist isoliert, motivlos, uninteressiert. Anschauliche Betrachtung, unter Abhebung der eigenen Persönlichkeit; ästhetische Distanzierung. — In der Musik vermeintliche Schwierigkeit für betrachtendes Erleben der Tongestalten; Gefühle und Stimmungen als Objektgehalte. — Auffassen der Eigenbedeutsamkeit; Tendenz der Totalität. Animistisches Erfassen.

Der Genießende, seine ästhetische Empfänglichkeit.

3. DAS KUNSTWERK, UM DES GENUSSES WILLEN GESCHAFFEN

Das Moment der Isolation. Konzentration des Interesses bedingt und gefördert durch Neues; sinnhafte Form; Gefühlsgehalte.

Die Erlebnis-Persönlichkeit des schaffenden Künstlers.

4. KAPITEL

MUSIK ALS EINDRUCK

Seite 91

1. SINNLICHES WOHLGEFALLEN

an elementaren und komplexen musikalischen Eindrücken

a) *Der ästhetische Charakter des Einzeltons;* Auffassung Kants und Herders. Die Klangfarbe des Tons. — Höhe (absolute) und musikalische Qualität sind ästhetisch nahezu indifferent. — Intensität, ästhetische Schwelle derselben, Stärke-Schattierungen; ihre Rolle in primitiven und in hohen Kulturen. — Volumen und Helligkeit; räumliche und taktile Bestimmtheiten, elementar-ästhetischer Eindruck von Tönen und Farben, Sinnes-„Charaktere" des Volumens, der Helligkeit, der Temperatur; Beispiele aus der Literatur.

b) *Klangkomplexe.* Der Dreiklang, gute und schlechte Klanglage. Sinnlicher Wohlklang und die Erscheinung Konsonanz — Dissonanz; Wohlklang individuell gegeben durch Klangkörper; Konsonanz verschieden von Wohlgefälligkeit; geschichtliche Wanderung des Maximum der Wohlgefälligkeit. Demnach Begriffsbestimmung: Konsonanz ist nicht Gefühl, sondern Wahrnehmungsinhalt, Gestalt. Konkretes Klangerlebnis.

Harmonielehre, als Akkordlehre (Aufbau und Zusammenhänge der Akkorde), als Satzlehre, Abstraktion des Normalsatzes gegenüber den konkreten Klanggebilden. Normalsatz und Quintverbot usw.; Vokal-, Quartett-, Klaviersatz, Orchestertechnik. Klangkombinationen, deren harmonische Auffassung und rein-sinnliche Erfassung. Emanzipierung der modernen Harmonik. Instrumentation, der schöne und der charakteristische Klang.

2. INHALTLICHE STIMMUNGEN AUS ELEMENTAREN EINDRÜCKEN

Beeinflussung von Zuständlichkeiten des Gesamtorganismus und der Gemütslage des Hörers. Erregung und Beruhigung, Spannung und Lösung, hervorgerufen durch Klänge, durch elementare Rhythmen.

5. KAPITEL

DER ÄSTHETISCHE WERT DER MUSIKALISCHEN GESTALTUNG

Seite 116

Begriffsbestimmung: Gestalt, z. B. der Terz, ist unabhängig von der absoluten Höhe, transponierbar, anschaulich erfaßbar.

1. MELODISCHE GESTALTUNG

aufgefaßt nicht mehr nach Klangfarbe, sondern nach Richtungsbeziehung; „Höhe", „Tiefe" als Raumsymbolik; Bewegungseindruck, Distanz, Schritterlebnis, das Moment der Tonqualität.

Harmonische Gestaltung. Simultan-Akkorde, Sukzessiv-Akkorde; Bewegungseindruck, Kräfteverlauf. Die Klänge beziehen wir auf ein Fundament.

Tonalität, melodische, harmonische; Bewegungseindruck, Beziehung auf ein Zentrum. „Schluß"-Wirkung. Richtungslose Harmonik der späteren Renaissanceperiode. Moderne Harmonik.

Rhythmische Gestaltung. Sinnakzente der melodischen, der harmonischen Bewegung. Die Definition des Aristoxenos ist zu weit. Jambisches und trochäisches Maß; ersteres ist das primitivere. Riemanns jambische Ausrichtung. Kommensurabler und inkommensurabler Rhythmus; modale und mensurale Musik.

Tempobegriff. Mittelwert ist physiologisch gegeben durch Pulsschlag. Tempo wird bestimmt durch formalinhaltliche Momente (nicht durch Charakter des Tonstücks; logischer Zirkel!).

Rhythmisch doppeldeutige Themen. Klangfuß metronomisch feststellbar, Schwergewichtsverteilung erlebbar, Tempo als gefühlsmäßig gegebener Gesamteindruck.

Takt, Taktarten. Phrase, Proportionalität, Unregelmäßigkeiten.

2. MUSIKALISCHE FORM IM WEITEREN SINN

Totalität aller Einzelgestaltungen; — im engeren Sinn: die aus dem Rhythmisch-Metrischen sich ergebende Gestaltbildung; Symmetrie, Störungen derselben — Einheit in der Mannigfaltigkeit.

3. FORMUNGSPRINZIPIEN

a) *elementare:* Reihung; Variierung, Refrain; Abgrenzung, Kadenzierung; Steigerung.

b) *höhere:* Symmetrie, Zentrierung, Kontrast. — Einheit in der Mannigfaltigkeit.

Musikgeschichtliche Periode der positiven Formbildung und der Zerschlagung der Form. — (Überleitung:) Unsere großen Formtypen haben bestimmte Bedeutung.

6. KAPITEL

MUSIK ALS AUSDRUCK SEELISCHEN LEBENS

Seite 153

1. DAS AUSDRUCKSVERHÄLTNIS

Ausdruck, Begriffsbestimmung; Intuition, Assoziation, Anschaulichkeitsverhältnis. — Ausdrucksgehalt ist gegeben als etwas Konkretes; Ich=Gehalte, Abstraktion des Autors; abstrakt=reale individuelle Inhalte. Distanz gegenüber dem erlebenden Ich, nicht „Schein"=Gefühle. Übergang vom Eindruck zum Ausdruck, Objektivierung des Eindrucks.

2. DIE AUSDRUCKSASPEKTE

(mit fließenden Grenzen), a) *der Gefühlssphäre angehörig:* Charakter, mit vollem Eigenbestand des sinnlichen Eindrucks; Stimmung, Psychisches dem Sinnlichen übergeordnet, mit Darstellungs= oder Kundgabe=Funktion, Charakteristik; — Kundgabe, Ruf, sprachliche Mitteilung, Geste und Mimik. —

b) *Bewegungsempfindungen und Bewegungsvorstellungen:* Bewegung und Vorgang, Zustands= und Geschehnis=Einfühlung; das Wesen der reinen oder absoluten Musik. — Vorstellungsmäßiges, Situationsbild, (Farbhören), Assoziation; Programm=Musik, Tonmalerei (deskriptive Musik); Symbolik. —

c) *Sachvorstellungen und Gedanken:* Sphärenerlebnis, Milieu=Bewußtsein.

Irrige Abwägungen von Form und Ausdruck: „Verpsychologisierung" der Musik, biologisch aufgefaßte Ganzheits=Theorie; mathematischer Charakter der Musik.

3. DIE ÄSTHETISCHEN (WERT=) KATEGORIEN

Das primäre ästhetische Erlebnis ist Wertgefühl, nicht Lustgefühl. — Das Schöne; Modifikationen desselben, das Niedliche, Größen= und Tiefen=Index. — Das Häß=

liche, Charakteristik, Karikatur. — Das Erhabene. — Das Komische. — Das Tragische.

Die künstlerischen Kategorien. Das Zeichnerische, Malerische, Plastische, Tektonische; das Musikalische; das Poetische, Lyrische, Dramatische. Wechsel von autonomen und heteronomen Kategorien.

7. KAPITEL

DER STIL

Seite 220

Das Kunstwerk in seiner Totalität, als Ausdruck einer gewissen Geistigkeit; Persönlichkeits-Charakter an ihm. — Ästhetische Betrachtung und kunstwissenschaftliche Analyse. Stil und typische Behandlungsweise. — Der Genießende und das Kunstwerk, individuelle Reaktionsweise, subjektive Geschmacksbewertung, objektive Bewertung. — Stilbegriff, individuelle Totalität, typische Variation; Individual- und Zeitstil. — Neuere naturalistische Auffassungen: Ganzheit, Typenlehre (Rutz, Sievers), rhythmische Typen (Becking), mathematischer Charakter (Harburger).

Letzte allgemein-menschliche Typisierungen, weltanschauliche Einstellungen. Volkelts letzte Stilgegensätzlichkeiten: naiver und sentimentaler Stil, elementares und vernunftgeklärtes Schaffen, subjektiver und objektiver Stil, Steigerungs- und Wirklichkeitsstil (Idealisieren und Realisierungen), typisierender und individualisierender Stil.

Nietzsches gleichnishaft ausgedrückte kategoriale Unterscheidung „apollinisch" und „dionysisch".

Schaffenstypen. Naiver bzw. elementarer, konstruktiver und inspiratorischer Typus. Nachfühlung dieser Schaffenstypen am Kunstwerk selbst.

Individuelle Stilentwicklung, Stilbeweis über Echtheit oder Unechtheit eines Kunstwerks.

Kunsterlebnis, Kunsterziehung.

1. KAPITEL

Begriff der Musikästhetik

Ihre Stellung im System der Musikwissenschaft

In überströmender Schöpferlaune hat Beethoven einmal das stolze Wort geprägt, Musik sei höhere Offenbarung als alle Weisheit und Philosophie. Was anderes wollte wohl der Tondichter damit zum Ausdruck bringen, als daß das geheime Ineinanderweben der Töne, in seinen Tiefen erlauscht, uns innerste Wesenheiten enthülle, die keine Begriffsarbeit des Verstandes zu zergliedern, keine Weite philosophischer Gedankengänge uns zu enträtseln vermöchte?! Etwas trockener zwar, doch präziser hat Immanuel Kant denselben Eindruck von der Unerschöpflichkeit künstlerischer Gehalte dahin formuliert, daß uns die Künste „ästhetische" Ideen vermitteln, Vorstellungen von einer solchen Mannigfaltigkeit und einem Reichtum der Beziehungen, daß sie kein sprachlicher Ausdruck, der einem bestimmten Begriffe entspricht, völlig erreiche. Darin also stimmen Künstler und Philosoph überein, daß die Musik – die Kunst überhaupt – uns letzten Endes ein Unnennbares in anschaulicher Form ausdrückt. Musik ist Offenbarung. Doch wie jede Offenbarung enthüllt sie uns ihre Geheimnisse, *ohne* sie zu erklären. Wir dürfen im Augenblick ihres Genusses nur schauen, erleben, nicht nach Gründen suchen, wollen wir der Offenbarung nicht verlustig gehen. Das philosophische Denken aber – hier irrt des Meisters Spruch – will weder Offenbarung sein noch sich auf Offenbarung stützen; es will die Welt nicht anschauend genießen, sondern in ihrem Zusammenhang begreifen. So auch die Kunst. Eindringend in ihre Gesetze sucht der Philosoph auch ihre Gehalte soweit als irgend möglich sich verständlich zu machen. Er will Erkenntnis. So schafft er sich eine Disziplin, die sich die Erkenntnis des Genießens überhaupt und seiner Objekte, des Schönen in Natur und Kunst, zum Ziele setzt; die Ästhetik im allgemeinen, die Kunstästhetik, oder Ästhetik der einzelnen Künste im besonderen. Dies Erfassen einer unnennbaren Gedankenfülle im musikalischen Genießen, das Kunstwerk selbst als Quell solchen höheren Schauens und Produkt eines geheimnisvollen Gestaltens wird dem wissenschaftlichen Forschen nach Erkenntnis zum besonderen Problem. Was will das musikalische Kunstwerk als ästhetischer Gegenstand? Was vollziehen wir in seinem Genuß? Die beiden Fragen heischen, einander ergänzend, eine Antwort, die den Sinn dieses Verhaltens klärt, seine Gründe aufdeckt, und das Phänomen „Musik als Kunstgenuß" in den Kreis allgemeiner Kultur- und Lebenszusammenhänge einordnet.

Die Wissenschaft, die sich in jener zu gebenden Antwort umschreibt, ist die Musikästhetik. Wir können sie einleitend, unter Vorbehalt einer späteren schärferen Fassung, definieren als eine Disziplin, die sich die Erkenntnis des musikalischen Genießens und seines Gegenstandes, des musikalischen Kunstwerks, zur Aufgabe setzt.

Zwei Forderungen liegen in der gegebenen Definition enthalten. Musikästhetik muß eine *Wissenschaft* im strengen Sinne des Wortes sein, d. h. ein geordnetes System miteinander zusammenhängender wahrer und gültiger Aussagen, Fragen und Begründungen, keine bloße Sammlung mehr oder weniger geistvoller Betrachtungen über Kunst und Kunstwerk. Sie ist zweitens eine spezifisch philosophische Disziplin, die im Wissenschaftssystem als Teilgebiet der Allgemeinen Ästhetik ihre fest umgrenzte Stelle hat und diesen ihren Zusammenhang mit allgemeineren ästhetischen und philosophischen Problemstellungen nie verleugnen darf. Wir können keine fruchtbare Musikästhetik treiben, ohne sie auf dem soliden Fundament allgemein-ästhetischer Erkenntnisse aufzubauen.

Aber auch umgekehrt müssen wir zugeben: Eine Musikästhetik, die sich nur darauf beschränkte, allgemein-ästhetische Erkenntnisse und Betrachtungen auf den speziellen Inhalt „Musik" zu projizieren — und von dieser Art sind alle *Philosophen-Musikästhetiken* (von Schopenhauer, Eduard v. Hartmann und Spengler) —, scheint uns von vornherein zur Unfruchtbarkeit verurteilt zu sein. Die einzelnen Künste sind in ihren Zielen und Darstellungsmitteln so sehr voneinander verschieden, die Formgebungs- und Ausdrucksmöglichkeiten einer Kunst sind so eng von den besonderen technischen Voraussetzungen ihres Materials abhängig, daß es sich bitter rächt, vorzeitig Parallelen zwischen den einzelnen Künsten zu ziehen und Verhältnisse der einen Kunst unbesehen auf die andere zu übertragen. Derartige Parallelisierungen haben in der ästhetischen Literatur fast immer Schaden angestiftet. Die Gemeinsamkeiten zwischen den einzelnen Künsten, die Einheit der „Kunst", haben von jeher die philosophierenden Dilettanten betont; für die scharfe Grenzregulierung zwischen den Kunstgebieten und für die Eigenart jeder einzelnen Kunst haben noch immer die Künstler gestritten.

Neben jener spezifisch philosophischen Kunstästhetik, die aus dem Drang nach allgemeiner Erkenntnis herauswächst, – als deren Prototyp könnte man Kants Ästhetik bezeichnen – gibt es noch eine zweite Quelle ästhetischer Erkenntnis, eben diejenige des Künstlers, die *Künstler-Ästhetik*. Der echte Künstler, der seine Lebensarbeit darein setzt, dem spröden Stoff formend Geist und Leben einzuhauchen, kann nicht umhin, über die inneren Gesetzmäßigkeiten seines Schaffens zu reflektieren, sich von seinem Tun gewissermaßen Rechenschaft zu geben. Aus diesem Streben heraus entstehen jene mannigfachen Reflexionen über Kunst und Kunstwerk, die wir fast nie in systematischer Ordnung, sondern in mehr aphoristischer Form in Briefen, Tagebüchern, Schriften der großen und kleineren Meister niedergelegt finden. Beethovens, Berlioz', Schumanns,

Richard Wagners, teilweise auch H. Pfitzners literarische Produkte bieten uns eine Fundgrube feiner und reifer musikästhetischer Einsichten, die den Mangel an systematischem Zusammenhang vollauf wettmachen durch die Unmittelbarkeit der Beobachtung, durch die innigste Vertrautheit mit der Eigenart des künstlerischen Stoffes und seiner Formung, durch ihre Kontrollierbarkeit am eigenen künstlerischen Schaffen. Wo aber der Künstler systematisiert — Wagners und Pfitzners Schaffen bieten das lehrreichste Beispiel —, da ist das vermeintliche System sicher der schwächste Teil seiner Einsichten. Das Walten der Kunst durchaus am Maßstab des eigenen Schaffens messend, erhebt er seine Individualität mit ihren Eigenheiten zum System, ja meistens nicht einmal die ganze reiche Persönlichkeit, sondern denjenigen Teil seines Ich, der ihm selbst — in wechselnden Zeiten wechselnd — als das Wertvollste, eigentlich Produktive erscheint. Und hierin irrt der Künstler oft in der merkwürdigsten Weise. Wagners Theorie des musikalischen Dramas ist, verglichen mit seinem Tristan, fast eine philiströse Karikatur zu nennen, Pfitzners Ästhetik des musikalischen Einfalls und ihr Kampf gegen die „Üdäh" steht in unverkennbarem Widerspruch zu der nur aus Ideen verständlichen Musik seines Palestrina. Solche Mißverständnisse des Systemaufbaues vermögen jedoch die Bedeutsamkeit ihrer Ausführungen im einzelnen nicht zu schmälern, und es ist Pflicht des Musikästhetikers, den fruchtbaren Kern künstlerischer Selbstreflexionen in einem tragfähigen System zur Verwertung zu bringen.

So erwächst einer zielbewußten Musikästhetik die Aufgabe, ihr System philosophisch zu begründen und es so weit zu fassen, daß es alles Große und Bedeutende, was je in Tönen geschaffen und gedacht worden, erklärend in sich befassen kann. Nicht Verkündung einer einseitigen Richtung, sondern Anbahnung eines allseitigen Verstehens im Musikgenuß muß ihr letztes Ziel sein. Mit wissenschaftlicher Gründlichkeit des Aufbaues muß sie die lebendige Anschaulichkeit eines wahrhaft künstlerischen Erlebens der Musik, wie sie uns in den Aussprüchen der Schaffenden selbst vorliegt, zu verbinden suchen. Dann wird der nach Erkenntnis der Kunst strebende philosophische Geist sowohl wie der schaffende Künstler, der nachschaffende Interpret und der genießende Hörer, jeder in seiner Weise aus dem wissenschaftlichen Eindringen in die Musik seinen Nutzen ziehen.

In der Definition der Musikästhetik als Erkenntnis des musikalischen Genießens und seines Objekts, des musikalischen Kunstwerks, liegt schon ausgesprochen, daß nicht jede Erkenntnis, die wir über die Tonkunst oder das einzelne Tonwerk gewinnen können, einen Inhalt der Musikästhetik bildet. Erkenntnis der Tonkunst im allgemeinen könnten wir vielmehr als die Aufgabe einer *Musikwissenschaft* überhaupt bezeichnen; in den Umfang dieser allgemeinen Wissenschaft fällt jede Erkenntnis, die sich in irgendwelcher Weise auf Musik, Tonkunst oder ihre Elemente und natürlichen Grundlagen bezieht. Je nach der besonderen Art dieser Erkenntnisse aber gliedert sich die allgemeine Musikwissenschaft wieder in eine Gruppe von Einzeldisziplinen; auch die Musikästhetik kann als solche Teildisziplin der Musikwissenschaft aufgefaßt werden.

Welcher Art sind nun die Erkenntnisse, die als musikästhetische gelten dürfen? Wie ist die Musikästhetik, als geordnetes System solcher Erkenntnisse, von anderen Teildisziplinen der allgemeinen Musikwissenschaft, z. B. der Musikalischen Akustik, Tonpsychologie, der Satzlehre, der Musikgeschichte usw., abzugrenzen?

Die Antwort auf diese Fragen liegt wiederum in der vorläufigen Definition vorgezeichnet. Wir gründen die Musikästhetik auf den musikalischen Genuß als ein ästhetisches Erlebnis, das sich beim Anhören bestimmter Tonverbindungen, welche das musikalische Kunstwerk darstellen, im Hörer einstellt. Das ästhetische Erleben ist die Reaktion des Hörers auf gewisse *objektive* Gehalte, die im Kunstwerk liegen und um dessentwillen das Kunstwerk letzten Endes geschaffen ist und die wir seine ästhetischen Gehalte nennen. Nicht so sehr diese Reaktion als psychischer Vorgang als vielmehr die objektiven Gehalte im Kunstwerk, aus denen sie hervorgeht, die Werte, die im ästhetischen Erleben des Tonwerks erfaßt werden, sind Gegenstand der Musikästhetik. Das musikalische Kunstwerk ist Gegenstand der musikästhetischen Forschung nur soweit, als es Objekt eines ästhetischen Erlebens ist; und der Vorgang des musikalischen Hörens als psychischer Vorgang ist es nur soweit, als er ästhetische Werte vermittelt.

Beide einander bedingenden Faktoren des musikalischen Genusses, der Vorgang des musikalischen Hörens sowohl wie sein Objekt, das Tonwerk, können auch unter anderen Gesichtspunkten betrachtet werden. Das musikalische Hören ist – psychologisch betrachtet – nur eine besondere Modifikation des Hörvorgangs überhaupt. Der sich dabei abspielende Prozeß kann in seine Einzelheiten zerlegt und zurückgeführt werden bis auf seinen Ausgangspunkt, in dem die einzelnen Tonwellen auf das Ohr eindringen. Die Analyse des Prozesses ist Sache der Ton= und Musikpsychologie, endlich der musikalischen Akustik, und sie hat mit Ästhetik an sich nichts zu tun. Das Objekt des Hörens weiterhin, das Tonwerk, können wir in musikalisch=logischer Analyse in seine letzten Formelemente zerlegen und so zum logischen Verständnis seiner Struktur gelangen; wir können es historisch in den Entwicklungsgang einer Form, eines Meisters einstellen, wir können es als Kulturfaktor betrachten und seine Bedeutung für Mit= und Nachwelt erwägen. Auch diese Aufgaben lassen sich frei von jeder ästhetischen Betrachtung lösen, sie gehören in keine Musikästhetik.

Nichts zeigt deutlicher, wie weit wir noch vom Ideal einer ihrer eigentlichen Aufgaben bewußten Musikästhetik entfernt sind, als wenn wir in musikästhetischen Werken auch der letzten Jahre seiten=

lange Ausführungen über den Prozeß des Hörens, die Obertöne, die Tonleitern und Tonsysteme usw. lesen. Das ästhetische Erleben des musikalischen Kunstwerks ist von jenen physiologisch-akustischen Vorbedingungen alles Hörens in weitem Maße unabhängig. Nicht eine Psychologie des musikalischen Hörens, sondern eine psychologische Analyse des musikalischen Genießens, der ästhetischen Einstellung auf Tonwerke bildet den psychologischen Unterbau einer Musikästhetik. Jede Ästhetik beginnt mit einer solchen Analyse des ästhetischen Verhaltens als derjenigen seelischen Grundeinstellung, deren wir zur Erfassung von im Objekt liegenden ästhetischen Gehalten und Werten bedürfen. Und zwar analysiert der Ästhetiker zunächst nicht dies oder jenes individuelle Verhalten, sondern das ideale, für die Erfassung ästhetischer Werte günstigste, von diesen geforderte Verhalten. In jenem Verhalten liegt ein Sollen; das Kunstwerk tritt – wie jedes ästhetische Objekt – mit der in seiner Struktur enthaltenen Forderung an uns heran, in diesem oder jenem Sinn aufgefaßt, verstanden und genossen zu werden. Jede andere Einstellung ist inadäquat und führt nicht zum vollen Genuß der im Kunstwerk enthaltenen Werte. Indem die Ästhetik diese wahre, adäquate Einstellung zu fixieren sucht, entwickelt sie sich aus einer Wissenschaft vom ästhetischen Verhalten und von ästhetischen Gehalten und Werten zu einer Normwissenschaft. Sie wird Anweisung zum richtigen Verstehen,

Genießen und endlich Beurteilen von Kunstwerken, sie wird Wissenschaft der musikalischen Kritik.

Der Kernpunkt also, der die musikästhetische Fragestellung schon in ihrem psychologischen Teil, der Analyse des musikalischen Genießens, von der ton= und musikpsychologischen Erforschung der Musik unterscheidet, ist der Gesichtspunkt eines objektiven Wertes, der im ästhetischen Verhalten gegenüber dem Tonwerk realisiert, erfaßt werden soll. Die Musikästhetik ist Wertwissenschaft, die *Ton= und Musikpsychologie* hingegen — wie alle reine Psychologie — ist reine Tatsachenwissenschaft. Zwischen den Aufgabenkreisen der beiden Wissenschaften gibt es Berührungspunkte, aber keine fließenden Übergänge. Denn in dem Augenblick, in dem in eine psychologische Analyse der Gesichtspunkt einer Wertung oder Bewertung hereinspielt, ist der Anwendungsbereich der psychologischen Forschung verlassen. Ja, man kann nicht einmal sagen, daß die Ton= und Musikpsychologie eine unentbehrliche Voraussetzung der Musikästhetik bilde oder dieser gegenüber als Fundamentalwissenschaft zu werten sei. Sie ist dies in nicht viel höherem Maße als etwa eine Farbenpsychologie Voraussetzung einer Ästhetik der Malerei bildet, nämlich nur insoweit, als die ästhetische Wirkung von Ton= und Farbenkunst an die psychophysische Gegebenheit ihres Materials, der Ton= und Farbenempfindung, gebunden ist.

Einer ähnlich scharfen Abgrenzung wie gegen die „Naturwissenschaften" des musikalischen Hörens und

Verstehens, – die musikalische Akustik, die Physiologie des Hörens, die Ton= und Musikpsychologie – bedarf die Musikästhetik auf der anderen Seite gegen die spezifischen Wissenschaften vom musikalischen Objekt, d. i. die Musiktheorie und Musikgeschichte im weitesten Umfang (die allerdings auch zugleich Wissenschaft vom schaffenden Subjekt, Künstlergeschichte ist). Unter *Musiktheorie* erfassen wir alle Disziplinen, welche den Aufbau des musikalischen Kunstwerks aus den Tonelementen zum Gegenstand haben: Harmonielehre und Kontrapunkt, Formenlehre, Kompositions= und Instrumentationslehre. Der vorwiegend technisch=normative Charakter jener Disziplinen, mehr ein Produkt historischer Entwicklung, vermag nicht darüber hinweg zu täuschen, daß ihnen eine gemeinsame theoretische Wissenschaft zugrunde liegt, die man als musikalische Logik bezeichnen kann. Der Aufbau eines geschlossenen musikalischen Ganzen unterliegt Gesetzmäßigkeiten, die – nicht etwa aus der Erfahrung ableitbar – in und mit dem vom Denken erfaßten So=sein der Elemente – der Töne und Rhythmen – und ihrer gegenseitigen Beziehung gegeben sind. Diese idealen Gesetzmäßigkeiten sind apriorischer Natur, d. h. sie können durch Erfahrung nicht widerlegt oder bestätigt werden, sie sind von ihr unabhängig, wie etwa die zwischen den Zahlen des Zahlsystems oder geometrischen Figuren bestehenden Gesetzmäßigkeiten. Sie sind aber auch in gewissem Sinn von dem Gerichtet=sein eines ästhetisch Erlebenden auf den Aufbau des Kunstwerks unabhängig; denn sie ermöglichen überhaupt erst die Formbildung, die ihrerseits einen ästhetischen Gehalt und Wert darstellen kann, nicht muß. Musikalische Formen haben ihr von der Realisierung in einem Kunstwerk unabhängiges Sein, ja sie entwickeln sich nach immanenten Gesetzmäßigkeiten auseinander, wie etwa die Fugenform aus der Imitation, die moderne Harmonik aus der klassischen. Daß wir die Entwicklungsgeschichte musikalischer Formen schreiben können, ohne irgendwie deren ästhetische Bedeutung, ihren Wert oder Unwert zu berühren – die moderne Musikästhetik strebt eine solche ästhetikfreie Darstellung im allgemeinen mit Recht an –, ist ein Beweis dafür, daß die musikalische Logik des Aufbaues nicht oder nicht prinzipiell durch ästhetische Gesetzmäßigkeiten und Reflexionen beherrscht wird. Dies allein rechtfertigt unsere Auffassung, wonach eine Darstellung der musikalischen Logik nicht in die Musikästhetik gehört. Die musikästhetische Bewertung kann sich immer nur auf das reale Kunstwerk selbst, nicht auf ideale Bestimmungen daran beziehen.

Indem wir in letzter Linie die Grenzen zwischen Musikästhetik und *Musikgeschichte* abzustecken suchen, erleben wir zum erstenmal, daß hier die Ästhetik, durch die anderen Disziplinen meistens in ihrem Bereich bedroht, in Gefahr gerät, in ein fremdes Gebiet überzugreifen. Bis in die jüngste Zeit war die musikalische Geschichtsschreibung mit ästhetischen Bewertungen, Reflexionen, Kritiken sehr zu ihrem Schaden durchsetzt. Die Verwechslung von histori=

scher und ästhetischer Kritik kennzeichnet das Jugendzeitalter aller Kunstgeschichte. Ein Kunstwerk kann aber historische Größe haben, für die Entwicklung der Folgezeit hervorragend bedeutsam geworden und doch als Ganzes ästhetisch wenig wertvoll sein. Umgekehrt kann ein Werk von höchstem ästhetischen Wertgehalt unter Umständen historisch wirkungslos sein. Die historische Kritik aber hat nur die Größe ihres Gegenstandes ins Auge zu fassen, nicht den Wertgehalt, sei er aus der politischen, religiösen, ästhetischen oder sonst einer Wertsphäre.

Aus dem berechtigten Streben nach reinlicher historischer Arbeit heraus ist es also wohl zu verstehen, wenn die moderne Musikgeschichte dem Ziel einer ästhetik-freien Darstellung zustrebt. Und doch würde unseres Erachtens eine völlige Eliminierung des ästhetischen Standpunkts den höheren Aufgaben dieser Wissenschaft nicht gerecht. Wenn der Historiker sich bemüht, das einzelne Tonwerk aus seinen historischen Voraussetzungen zu begreifen, so sind in letztere auch die allgemein-ästhetischen Anschauungen, die musikästhetische Strömung des Zeitalters notwendig miteinzubeziehen. Wir verstehen die Blütezeit des a cappella-Stils im 16. Jahrhundert nur zur Hälfte, wenn wir uns nicht zugleich das Ziel der damaligen Musik, höchster Ausdruck zu sein, stets vor Augen halten. Der Bewertung und historischen Einstellung unserer klassischen Instrumentalmusik hat bis zu unseren Tagen kaum etwas mehr geschadet als die falsche, weil unhistorische, formalistische Einstellung auf eine „absolute Musik", mit der die Folgezeit an diese Schöpfungen herangetreten ist. Überall wirken große gesamt=ästhetische Anschauungen, Strömungen bestimmend auf Schaffen und Empfinden der musikalischen Werte ein. Einer entsprechenden Berücksichtigung der ästhetischen Faktoren des Kunstwerks kann sich kein Historiker entziehen, der tiefer in die historische Bedeutung und den historischen Gehalt des einzelnen Kunstwerks, der Meister und ganzer Perioden einzudringen sich vornimmt. Umgekehrt hat sich ein ästhetisches Werturteil über ein Tonwerk, das dessen historischer Bedingtheit nicht Rechnung trägt, von selbst das Todesurteil gesprochen. So zeigt sich überall, daß sich musikhistorische Forschung und musikästhetisches Wissen doch viel inniger durchdringen und enger gegenseitig bedingen, als die moderne historische Richtung der Musikwissenschaft im allgemeinen wahr haben will.

Das Verhältnis der Musikästhetik zur Musikwissenschaft wird überhaupt — was nicht verschwiegen sei — vielfach anders gefaßt als in der hier gegebenen Darstellung.

Die psychologistische Richtung der Musikästhetik löst unsere Wissenschaft völlig in eine Psychologie der Musik, des musikalischen Genießens und Schaffens auf. Psychologen wie Lipps, Witasek, in einseitigster Form etwa Müller=Freienfels, unter den Musikwissenschaftlern vor allem Schmitz, seien als Vertreter dieser Richtung genannt. Schmitz definiert beispielsweise die Musikästhetik — in schiefer Auslegung des

Wortsinnes „Ästhetik" – als „die Lehre vom musikalischen Empfinden, vom Auffassen der Musik und dessen Bedingungen, von den Wirkungen der Musik und deren Ursachen", also durchaus als eine Lehre von psychischen Vorgängen als solchen, als Psychologie. Gerade gegen derartige allgemeine Formulierungen müssen wir uns mit Entschiedenheit wenden. Zu den Bedingungen des Auffassens der Musik, den Wirkungen der Musik ist eine Reihe psychophysiologischer Vorgänge zu rechnen, die mit der Erkenntnis des ästhetischen Verhaltens nichts zu tun haben. Nur die ästhetisch bedeutsamen psychischen Vorgänge, diejenigen, in denen wir ästhetische Gehalte schaffen und erfassen, bedürfen in der Ästhetik einer psychologischen Analyse.

Dieser psychologischen und durchaus induktiv gerichteten Behandlung der Musikästhetik gegenüber fällt eine Richtung in das entgegengesetzte Extrem, indem sie die ästhetischen Gesetzmäßigkeiten als apriorische, aus der Idee des Schönen abzuleitende Gesetze auffaßt. Die Ästhetik wird zu einer Theorie der Schönheitsidee, so etwa in der Lehre von Arthur Wolfgang Cohn, Hermann Cohen und anderen Vertretern einer idealistischen Philosophie. In Übertragung dieser allgemein ästhetischen Einstellung auf die Musik definiert *Arth. Wolfg. Cohn* die Musikästhetik als allgemeine Erkenntnis der Tonkunst, als Wissenschaft von der Wesens-Allgemeinheit der Tonkunst im Gegensatz zur besonderen Erkenntnis der Musikgeschichte. Dieser im eigentlichen Sinne philosophischen Ästhetik, der Idealästhetik, setzt er freilich eine phänomenologische Realästhetik ergänzend zur Seite, die durch Intuition zu allgemeinen Erkenntnissen über das empirische Kunstwerk oder die Tonkunst überhaupt gelangt. Beide Formen der ästhetischen Forschung bilden zusammen die Allgemeine Musiklehre, die Cohn ausdrücklich mit der Musikästhetik identifiziert.

Zur selben Identifikation von Musikästhetik und Musiktheorie gelangt, von der Basis einer ursprünglich empirisch gerichteten Musikästhetik aus, auch *Hugo Riemann* in seinen letzten Schriften. Bezeichnet er es – von Hause aus Naturalist – zunächst als allgemeine Aufgabe der Ästhetik, „die seelischen Ausdruckswerte der primitiven Elemente alles musikalischen Gestaltens zu ergründen" (Grundr. der Musikw., 1908, S. 3), so erkennt er in fortschreitender Analyse, daß diese Ausdruckswerte und deren Erfassung an die Betätigung logischer Funktionen im musikalischen Hören gebunden sind. Das Substrat des musikalischen Hörens, mit dem es die Musikästhetik allein zu tun hat, sind nach Riemann logisch geordnete Tonfolgen. Die Logik der Musik also, die spekulative Musiktheorie, ist für ihn Musikästhetik.

Die Folgerung, die Riemann zieht, ist einseitig. Ohne Zweifel stellt das musikalische Hören – wie ich in meiner Tonpsychologie ausführlich entwickelte – ein Auswahlhören, psychologisch gesprochen einen ungemein komplizierten psychologischen Abstraktionsprozeß dar. Ohne Zweifel bildet es auch eine –

nicht die alleinige – Grundlage des musikalischen Verstehens und Genießens, aber es ist mit diesem an sich nicht identisch. Im Gegenteil: In dem Augenblick, wo die logischen Funktionen des musikalischen Hörens nicht in anschaulicher Form vollzogen werden, wo sie uns – wie in der musikwissenschaftlichen Formanalyse – zu voller begrifflicher Klarheit gelangen, verhalten wir uns gerade nicht mehr ästhetisch.

Die erwähnten verschiedenartigen Definitionen der Musikästhetik, welche sich in der neuesten Literatur vorfinden, haben – von so verschiedenartigen Standpunkten aus sie gewonnen sein mögen – das eine gemeinsam, daß sie das spezifische Wesen des ästhetischen Verhaltens als einer eigentümlichen Erlebniseinheit verkennen. Nur aus der Selbstevidenz eines solchen ästhetischen Verhaltens heraus können wir beurteilen, ob ein Objekt ästhetisch wirkt, ästhetische Werte in sich birgt oder nicht, und wir können daraus Kriterien gewinnen, welche Eigenschaften des Objekts mit einer gewissen objektiven Notwendigkeit jenes psychische Verhalten zu fordern vermögen.

2. KAPITEL

Die Hauptrichtungen der Musikästhetik in historischem Überblick

Schon der Versuch einer reinlichen Begriffsbestimmung der Musikästhetik hat uns zur vorläufigen Auseinandersetzung mit verschiedenartigen Standpunkten gezwungen, von denen aus eine Definition jener Wissenschaft gewonnen werden kann. Solche Richtungen, „Strömungen" der Ästhetik im allgemeinen, der Musikästhetik im besonderen, sind eigentlich – von Kultur und individueller Veranlagung vielfach unabhängig – nur als historische Gebilde völlig zu verstehen.

Die Entwicklung der musikästhetischen Grundanschauungen, seit den Zeiten der Antike, stellt sich als fortschreitende Entwicklung der Einstellung auf die im musikalischen Objekt gegebenen Gehalte dar. Gegeben sind uns im musikalischen Objekt zunächst die Töne selbst in ihrer sinnlichen Eigenart als unmittelbarer Wahrnehmungsinhalt. Sie dringen auf uns ein, *wirken* auf uns, auf Nervensystem und Gemütsleben, durch ihre Stärke, ihre Klangfarbe, ihre zeitliche Anordnung.

Der primitive Mensch, die primitive Kultur erlebt Töne und Tonkombinationen, Rhythmen noch nicht eigentlich in ihrem So-sein, sondern in ihrer Wirkung.

Auch der Mensch der *Antike* verhält sich nach dieser Hinsicht primitiv. Er wird durch Musik in die lebhaftesten Affekte, sittlich wertvolle sowohl, wie etwa die Andreia, die Mannhaftigkeit, als auch in sinnliche Affekte versetzt, zur Raserei, zum religiösen Orgiasmus getrieben; umgekehrt vermag die Musik derartige pathologische Zustände zu beruhigen, zu heilen; der seelisch Kranke erfährt die heilende Kraft der Musik. Das antike Schrifttum ist überreich an den seltsamsten Berichten über die wundersame Macht der Musik, Erzählungen, die bis tief in die Renaissancezeit ihre Beweiskraft nicht verloren haben. Der ganze sinnlich=sittliche Mensch der Antike steht mit seinem Fühlen und Wollen unter dem Einfluß der Töne der Kithara und des Aulos. Die klassische griechische Musiktheorie seit Pythagoras und Plato ist eine *Wirkungstheorie* der Musik. Der Grundgedanke jener Lehre vom Ethos, der *Affektenlehre*, die den Kern der griechischen Musiktheorie ausmacht, ist der: Vermöge eines geheimen Bandes der Ähnlichkeit, das die Bewegungen der Töne mit den Bewegungen der menschlichen Seele verknüpft, vermag die Musik jene letzteren Bewegungen, die Leidenschaften, nicht nur nachzuahmen oder abzubilden, sondern unmittelbar im Hörer wieder zu erzeugen. Wird aber in dieser Weise das reale Seelenleben des Hörers durch Musik beeinflußt, so ist dieser Kunst eine unheimliche Macht in die Hand gegeben. Sie kann segensreich nur wirken, wo sie in den Dienst der Volkserziehung gestellt wird. Der Erzieher – dies ist *Platos* Gedanke in den berühmten Ausführungen seiner „Republik", Plato ist der Vorkämpfer dieser Anschauungen – hat dafür zu sorgen, daß der Hörer und die Jugend vor allem durch Musik nur in ethisch wertvolle Affekte versetzt wird. Er verbannt die Instrumente, die sinnlich reizend wirken, den asiatischen Aulos, die Tonarten und Rhythmen, deren Charakter (Ethos) sinnliche Erregung oder Verweichlichung ist, das Lydische, Mixolydische, Phrygische, ganz aus dem Kreise jugendlicher Musikpflege. So führt die konsequente Verfolgung der Wirkungstheorie in der antiken Affektenlehre überhaupt nicht zu einer Musikästhetik im eigentlichen Sinne, sondern zu einer Musikethik. Ethisch orientiert wie Platos musikalischer Erziehungsplan ist auch die *aristotelische* Lehre von der Katharsis, der Reinigung von Leidenschaften, die durch Musik und Tragödie im Hörer bewirkt werden sollen, ebenso die Weiterentwicklung der Lehre vom Ethos der Tonarten und Tongeschlechter in der späteren griechischen Musiktheorie. Und es entspricht dem allgemeinen Entwicklungsgang der Ethik zum Religiös-Mystischen hin in der Spätantike und frühchristlichen Zeit, wenn die Musik, statt in den Dienst der Ethik, im frühen Mittelalter in den Dienst der Religion gestellt, zur „ancilla ecclesiae" gestempelt wird.

Es mag befremdend erscheinen, daß der so hervorragend ästhetisch veranlagte Grieche eine eigentlich ästhetische Einstellung zur Musik nicht gefunden hat. Eben weil er in ihr, durch deren sinnliche Macht gefesselt, nicht so sehr einen selbständigen Gehalt, sondern sich selbst in seinen Stimmungen und Leidenschaften erlebte, fehlte ihm die zum wahren Genießen ästhetischer Inhalte notwendige Distanz. Der antike Mensch – wie ihn die Affektentheorie zeichnet – steht auf dem relativ niederen Standpunkt des Musikliebhabers, der beim Anhören jedweder Musik in Stimmungen und Gefühlen schwelgt und diejenige Musik bevorzugt, die ihm hierzu den meisten Stoff bietet. Wenn Shakespeare in „Was ihr wollt" den liebeskranken Herzog sprechen läßt:

> Wenn die Musik der Liebe Nahrung ist,
> Spielt weiter, gebt mir volles Maß! daß so
> Die übersatte Lust erkrank' und sterbe,

so zeichnet er uns den weit verbreiteten Typus des Musikhörers, der den Genuß an der Musik in das eigene reale Seelenleben hereinzieht, der musikalische Stimmung und Eigenstimmung in Ausgleich oder Harmonie zu bringen sucht und einen anderen Inhalt in der Musik nicht findet. Die adäquate ästhetische Theorie dieses Typus ist die antike Affektentheorie.

Gegen die klassische, aus alt-volkstümlichen Anschauungen erwachsene Ethoslehre erhob sich schon frühe im Lager der skeptisch-materialistischen Philosophenschulen, wohl zuerst bei den Sophisten, der lebhafteste Widerspruch. Ja es scheint, daß Plato seine Musikethik gerade im Kampf gegen sophistische, staatszersetzende Lehren über die Musik entwarf. Das Unglück wollte es, daß von dieser Gegenrichtung der antiken Musikästhetik nur sehr spärliche Quellen, zudem aus spätester Zeit, uns erhalten sind. *Philodem,* ein Zeitgenosse Ciceros, und der bekannte Skeptiker *Sextus Empiricus* wenden sich mit beißender Kritik gegen die Lehren der Pythagoreer, Akademiker, Peripatetiker und der Stoa. Die Grundanschauung der Affektenlehre, daß zwischen den Bewegungen der Töne und denen der Seele ein innerer Zusammenhang bestehe, ist – so sagen diese – eine bloße „doxa" (Meinung). Niemals vermögen Töne an sich Bewegungen der Seele eindeutig widerzuspiegeln oder gar zu erzeugen. Sie haben mit dem Seelenleben nicht mehr zu tun als Gerüche und Geschmäcke mit der Kochkunst. Die Tonkunst ist nichts anderes denn ein Spiel in Tönen, die Töne und Tonkombinationen haben keinen anderen Zweck als den unmittelbaren Genuß des Anhörens. Diese *Spieltheorie* der Musik – wie wir die durch und durch materialistische Lehre bezeichnen können – erweist sich ebenfalls durchaus als eine Theorie des musikalischen Eindrucks, nur daß in ihr der sinnliche Eindruck selbst (die Rhythmen, Tonfolgen, Harmonien), nicht eine von ihnen ausgehende Wirkung auf das Seelenleben zum Gegenstand des Genusses gestempelt wird.

Fälschlich wird diese Auffassung, deren Spuren wir noch in Kants Musikästhetik finden, als Formalismus gedeutet. Verlegt sie doch den musikalischen Genuß gerade in den sinnlich elementaren Eindruck der Klänge und Rhythmen selbst, also in ihre Materie, nicht in diejenigen formalen Seiten an Klängen und

Rhythmen, die sie zu Elementen einer höheren musikalischen Form machen. Die Bedeutung der Skeptiker für die Musikästhetik liegt somit – was besonders gegen Hermann Albert („Das Ethos der Griechen in der Tonkunst", 1899) zu betonen ist – nur in der negativen Kritik der Affektenlehre. Die positiven Ansätze ihrer Spieltheorie sind hingegen von einer formalistischen Musikästhetik noch weit entfernt. Von einer solchen kann man nur sprechen, wo die musikalische Form als eigener Gehalt, nicht der sinnliche Eindruck ihrer Elemente, zum alleinigen Träger ästhetischer Wirkungen erhoben wird. Sie konnte historisch nur entstehen, als die musikalische Formbildung so weit entwickelt war, daß sie als eigener, von der Wirkung der Musik unabhängiger Wert erkannt wurde. Das ganze Mittelalter und die Neuzeit haben praktisch an dieser Durchführung der musikalischen Form an sich gearbeitet. Der Gegensatz der antiken Meinungen hingegen bezieht sich auf die Frage, ob der musikalische Genuß an den Tönen selbst oder an einem durch sie vermittelten seelischen Geschehen sein Objekt habe. An sich ist die antike Affektentheorie noch so wenig eine Inhaltsästhetik als die Spieltheorie eine Formalästhetik.

Den Schritt von einer Wirkungstheorie der Affektenlehre zu einer *inhaltsästhetischen* Affektenlehre vollzieht vielmehr erst die *Spätrenaissance* um die Wende vom 16. zum 17. Jahrhundert. Wie die Renaissancekultur überhaupt nicht ein bloßes Wiederaufleben der antiken Kultur darstellt, so geht auch die musikalische Affektenlehre der Renaissance über die antike Affektenlehre hinaus. Hatte die antike Musikästhetik den Nachdruck auf die Wirkung der Musik, auf die Erzeugung der Leidenschaften, gelegt, so legt die neue Affektenlehre den Nachdruck auf die Darstellung von Leidenschaften durch Musik. Der musikalische Genuß besteht nicht so sehr im Erleben von durch Musik erzeugten Affekten als im Erfassen der durch sie dargestellten Affekte, im Erfassen eines *Ausdrucks*. Das Ausgedrückte aber wird als ein von den Tönen verschiedener Inhalt der Töne angesehen. Jetzt erst stehen sich im einzelnen Tonwerk zwei Gehalte sozusagen gegenüber, die wir als Form und als Inhalt bezeichnen können: die aus dem Miteinander und Nacheinander der Töne hervorgehende musikalische Gestalt, die als Form, als Hülle noch einen von ihr verschiedenen Inhalt, seelische Bewegungen, in sich schließt, deren Ausdruck sie ist. Jetzt erst entsteht die sinnvolle Frage, ob der ästhetische Wert des Tonwerks letzten Endes in jener Form oder in dem mit ihr gegebenen Inhalt bestehe. Die beiden verschiedenen einseitigen Lösungen der Frage bezeichnen wir als *Formalästhetik* und als *Inhaltsästhetik;* der Kampf beider Richtungen um die Vorherrschaft erfüllt die Geschichte der Musikästhetik von dem Augenblick an, wo die mögliche Bedeutung der Musik, Ausdruck zu sein, klar erkannt ist.

Zwei Momente haben diesen Umschwung der musikalischen Anschauung mit seinen reichen Folgen in der Renaissance hervorragend begünstigt: die theore=

tische Analogisierung der Musik mit der Sprache, welche die Humanisten, antiken Vorbildern folgend, nunmehr an den gereiften musikalischen Formen ihrer Zeit mit Glück bis ins einzelne durchführen, – und die damit zusammenhängende Verwendung der Musik als Darstellungsmittel, die, durch die dramatische Chormusik des 16. Jahrhunderts, die „Musica reservata" vorbereitet, in der Schöpfung der Oper ihre ureigene Domäne fand. Überall wird der Hörer des 16. Jahrhunderts praktisch dazu erzogen, in der musikalischen Form in erster Linie den Ausdruck eines dahinterliegenden Seelischen zu sehen, sei es, daß sie in der Chormusik den Stimmungsgehalt des Textes voll ausschöpft, oder daß sie auf der Bühne die seelische Seite der dramatischen Geschehnisse lebendig illustriert.

Es ist klar, daß dies Wiederaufleben der antiken Affektenlehre zunächst mit allen Unklarheiten der antiken Fragestellungen behaftet war. Noch *Zarlino,* der größte Theoretiker und Musikästhetiker der Renaissance und der eigentliche Systematiker der neuen Affektentheorie, stellt seine Lehre im Geiste der alten Wirkungstheorie dar, als ob der ästhetische Endzweck der Musik in der realen Auslösung von Affekten bestünde. Wie rasch sich aber die Theorie aus dem Schlepptau der Antike frei zu machen wußte, bezeugt die Tatsache, daß kaum 50 Jahre später, 1620, *Pietro della Valle* die Musik nachdrücklich als „Ausdruck menschlicher Leidenschaften" definierte. Damit war die der neuen Affektenlehre adäquate Definition end=

gültig festgelegt. Die ganze *Figurenlehre* der folgenden Zeit, des 17. und 18. Jahrhunderts, stellt sich im Sinne dieser Definition als nichts anderes dar denn als angewandte Ausdrucksästhetik, als Feststellung des *Ausdruckswertes* der musikalischen Formelemente. Wenn *Nucius* im 17. Jahrhundert eine völlig am Sprachbau orientierte Ausdruckslehre der musikalischen Formen entwirft und die poetischen Figuren der Sprache in der Musik nachweist, wenn *Marpurg* und *Mattheson* im 18. Jahrhundert einen ganzen Katalog der verschiedensten Affekte aufstellen mit Angabe der musikalischen Mittel ihres Ausdrucks, so erhellt sich hieraus, wie sehr die musikalische Praxis mit ihrer ästhetischen Grundanschauung vom Ausdrucksgehalt der Musik Ernst machte. Die Ausdrucksästhetik des 17. und 18. Jahrhunderts läßt sich nicht durch spekulative Ideen leiten; sie geht induktiv vor und sucht aus der Analyse des Einzelkunstwerks und in lebendigem Zusammenhang mit demselben zu einer ins einzelne gehenden Kenntnis der musikalischen Ausdrucksformen zu gelangen. Trotzdem auch sie an der antiken Auffassung festhält, daß die Musik die in Frage stehenden Affekte im Hörer als reale Affekte auslöse, und er auf Grund dieser eigenen Gemütsbestimmtheit den Ausdruck der Musik verstehe, legt sie eben den letzten Nachdruck — im Gegensatz zur antiken Theorie — auf das Verstehen, das kontemplative Erfassen eines in der musikalischen Form liegenden Inhalts. Damit aber steht sie einem ästhetischen Erleben der Musik ungleich näher als die antike Theorie. Und in der Tat fiel es keinem Ästhetiker des 18. Jahrhunderts ein, die Affektenlehre zu einer musikalischen Ethik im Sinne der antiken Musikethik auszubauen.

Mit jener induktiven und angewandten Affektenlehre des 18. Jahrhunderts verbindet sich der ebenfalls von der Antike übernommene spekulative Grundgedanke des französischen Rationalismus, daß die Musik *Nachahmung* der Natur, und zwar Nachahmung der seelischen Natur des Menschen sei. War damit gegenüber dem Erleben der eigenen Affekte schon ein intellektuelles Moment in den Kunstgenuß hineingezogen, so wurde die pathologische Wirkung der Musik auf das Affektleben eben dadurch sozusagen in ein ästhetisches Milieu gehoben, daß die erzeugten Affekte, als Nachahmung natürlicher Affekte, selbst Gegenstand einer intellektuellen Auffassung wurden. Wenn sich ein *Mattheson* die Frage vorlegt: wie stelle ich den Mut, die Liebe, das sinnliche Behagen, die Gefühle kindlicher Dankbarkeit am besten dar, so liegt schon in jener praktischen Fragestellung begriffen, daß nicht sowohl die Erzeugung des Affekts im Hörer, sondern die Erzeugung des adäquaten Ausdrucks, die intellektuelle Feststellung des Gelungen-seins jener Nachahmung, im Mittelpunkt des Genusses steht. Neben die Forderung der *Schönheit* der musikalischen Form tritt bei einer solchen Einstellungsweise diejenige der *Wahrheit* des musikalischen Ausdrucks. In letzterer liegt für den Musikästhetiker der Aufklärung eine weitere Quelle ästhetischen Genusses.

Die berühmten literarischen Streite um französische und italienische Oper, die das ganze 18. Jahrhundert durchziehen, der Buffonistenstreit, die Kämpfe um Glucks Opernreform stellen sich, auf eine ästhetische Formel gebracht, in den wesentlichsten Punkten als Streit um das Vorrecht des Schönheits- oder des Wahrheitsprinzips und um den Ausgleich derselben dar. Die Heftigkeit des Streites ist verständlich unter dem Eindruck und der Popularität, deren sich die Affekten- und Ausdruckslehre bei allen Musikern erfreute.

Neben der unter dem Namen der Affektenlehre zusammengefaßten musikästhetischen Strömung, deren innere Umwandlung von einer Eindruckstheorie in der Antike zu einer typischen Ausdruckstheorie im 18. Jahrhundert wir verfolgen konnten, zieht sich durch dies Jahrtausend musikalischer Kultur eine ästhetisch weniger wichtige, doch für die Entwicklung der Musik bedeutungsvolle Strömung, die ebenfalls von der altpythagoreischen Musiktheorie ihren klassischen Ausgang nimmt: die *mathematische* und *zahlensymbolische Auffassung* der Musik. Der von den Pythagoreern experimentell am Monochord aufgewiesene wunderbare Zusammenhang zwischen den einfachsten und wohlgefälligsten Verhältnissen zusammenklingender Töne, den Konsonanzen, und den ihnen zugrunde liegenden einfachsten Zahlenverhältnissen wird in der Philosophenschule sofort zu einer spekulativen Sphärentheorie der Musik ausgebaut: Musik ist die tönende Harmonie der Welten, *die* sphärische, astrale Kunst, in der sich der zahlenmäßig einfache Bau des Kosmos dem Menschen offenbart. Uralte zahlensymbolische Beziehungen, den einzelnen Zahlen zugeschrieben, werden auf die ihnen entsprechenden Tonverhältnisse übertragen. Die Musik wird zur *Wissenschaft,* zu einem Teilgebiet der antiken Mathematik. In der Periode der klassischen Affektenlehre etwas zurückgedrängt, treibt die musikalische Mathematik in der Spätantike, bei Neupythagoreern und Neuplatonikern frische Blüte, ja sie beginnt den ganzen, sonst so klaren Bau der antiken Musiktheorie zu überwuchern und in ein fast unentwirrbares Gespinst symbolisch-mythologischer Vorstellungen einzuhüllen. Das frühe Mittelalter übernimmt jenes unfruchtbare Erbe halbreligiöser Spekulationen, sie in immer neuem Gewande an die Jahrhunderte weitergebend. Die Einreihung der Musik nicht etwa unter die höheren der „freien Künste", sondern unter das quadrivium strenger theoretischer Wissenschaften, der Arithmetik, Geometrie, Musik und Astronomie, bildet den sichtbaren Ausdruck einer Einstellung zur Musik, die in dieser Kunst eine lebendige Zahlenlehre sieht.

Wenn der mittelalterliche Theoretiker auch die antike Affektenlehre getreulich weiterüberliefert und kommentiert, sein Herz ist doch bei jener uns tot erscheinenden Zahlenmystik, in der er den wahren metaphysischen Gehalt der Musik voll zu erschöpfen wähnt. So baut das Mittelalter an einem eigentlich doch imposanten Bau einer *Musica speculativa,* eine

Unsumme von geistiger Energie, Phantasie und Glauben an ein Gedankensystem verschwendend, das jenseits aller greifbaren Erfahrung liegt.

Auch die neu auftauchende strenge Naturwissenschaft hat den Zauberbann der musikalischen Metaphysik nicht ganz zu brechen vermocht. Wenn ein *Gottfried Wilh. Leibniz* (1646—1716) das ästhetische Gefallen an der Musik in ein unbewußtes Zählen ihrer Proportionen verlegt, so zeigt der Rationalist seine innere Abhängigkeit von jenen antik-mittelalterlichen Gedankengängen. Der rationalistische Ästhetiker setzt die Schönheit des musikalischen Gebildes in eine höchst vernünftige, in eine mathematische Vollkommenheit seines innersten Aufbaus, die wir im ästhetischen Gefallen unbewußt oder doch undeutlich zu erfassen imstande sind. So wird ihm das ästhetische Erlebnis zu einer undeutlichen, unklaren und halbbewußten Erkenntnis.

Nicht nur der rationalistisch-erkenntnismäßige, nicht minder auch der mystisch-astrale, der kosmische Zug der pythagoreischen Musiklehre wirkt viel tiefer, als wir uns selbst gestehen, in die neue und neueste Zeit herein. Wir werden besonders bei Schelling darauf zurückkommen. In letzter Zeit hat *Kurt May* ein Buch geschrieben mit dem Titel „Musik als tönende Weltidee", 1907. In anderer Weise ist *Hans Kayser* in dem Buch „Der hörende Mensch", etwa 1932, diesen und ähnlichen Gedanken nachgegangen. Einer unserer feinsten Musikästhetiker, *Karl Grunsky*, hat es in seiner kleinen „Musikästhetik", 1907, unternommen, die Stimmungen und Gefühle, welche die Musik vermittelt, in ihrer Unpersönlichkeit als kosmische Gefühle zu bezeichnen, und er hat die Musik als „unmittelbares Abbild des kosmischen Geschehnisses in einem uns faßbaren Gewand" bezeichnet.

Wenn auch unsere heutige empirisch-phänomenologische Musikästhetik mit jenen Sätzen bzw. Anschauungen nichts anzufangen weiß, so wird der Historiker nicht umhin können, die Existenz solcher Theorien zunächst als Faktum anzuerkennen. Spätere Generationen werden vielleicht Wahres und Falsches sondern, Phantasie und Berechtigung gegeneinander abgrenzen.

Die *englische sensualistische* Ästhetik und hauptsächlich die Vertreter der schottischen Schule gehen von einem anderen Gesichtspunkt aus. Sie haben das Wesen des Wohlgefallens in die Empfindung als solche verlegt. Es ist für diese Schule bezeichnend, daß sie auf psychische Phänomene eingestellt ist, sich mit dieser Seite beschäftigt. Die u. a. auch von Rousseau behandelte Frage, ob die Musik aus der Sprache geboren sei oder ob sie einen von der Sprache unabhängigen Urgrund besitze, hat im 18. Jahrhundert die weitaus bedeutendste Rolle gespielt.

Schon in jener Distinktion, ob die Musik sich aus den Affekten heraus entwickle oder ob das Zusammengehen von Harmonie und Melodie formaler Natur sei, bereitet sich der Grundgegensatz der nachkantischen Musikästhetik vor: der Gegensatz zwischen einer formalistischen und einer Inhalts-Ästhetik. Die sensualistische Theorie kommt zur Lehre: Musik ist Kombination von Tonempfindungen und ein Spiel von Tönen. Die andere Richtung ist die Affektlehre, wonach jedem Ton, jeder Tonverbindung ein bestimmter Affekt entspricht.

Diese beiden Auffassungen prallen nun bei *Immanuel Kant* (1724–1804) völlig unvermittelt aufeinander. Hier ist zu zeigen, wie weit die Kantsche Musikästhetik (in „Kritik der Urteilskraft", 1790) durch die beiden Grundströmungen bedingt ist und daß sie es nicht vermag, die Gegensätze zu überbrücken oder in einer höheren Einheit zusammenzufassen.

Kant bietet nicht eine spezielle Lehre, sondern die Grundlegung einer Wissenschaft, die erst im eigentlichen Sinn Ästhetik genannt werden kann. Während die sensualistische Ästhetik die Frage nach dem Ursprung der ästhetischen Gefühle stellt, stellt Kant zum ersten Mal die Frage nach dem *ästhetischen Urteil*. Dies ist die wichtigste Leistung der Kantschen Ästhetik für die Begründung einer modernen und streng wissenschaftlichen Ästhetik.

Kant stellt eine Reihe von Forderungen an die Auffassung des Schönen, an das Erlebnis des Schönen, das charakteristisch verschieden ist vom Gefallen am angenehm Sinnlich-Schönen. „Angenehm" ist, was in der Empfindung allein gefällt, was auf die Sinne unmittelbar wirkt, der einzelne Ton, die einzelne Farbe. Von einem „Schönen" könne man nur sprechen, wo eine Form vorhanden ist, wo ein Gehalt ist, der im Wechsel jener Empfindungsmomente bestehen bleibt. Es ist eine der hauptsächlichen Fragen bei Kant, ob der einzelne Ton oder die einzelne Farbe schon ein Schönes, einen Forminhalt darstelle oder nicht; er entscheidet: Wenn es wahr ist, daß wir in der Musik nach jener alt formulierten Lehre die Schwebungen unbewußt mitzählen, der Ton also als Mehrheit von Reizen zusammengesetzt ist, also eine Form hat, dann müßte man dem Ton „Schönheit" zuerkennen. Nun definiert Kant die Musik als Spiel der Tonempfindungen in der Zeit. Von einem solchen Spiel sagt er aus, daß es mit der Zeit entsteht und vergeht; die bildenden Künste aber bleiben bestehen. Soll dieser Wechsel gefallen, so muß er ein ständiger sein, es muß Abwechslung im musikalischen Geschehen vorhanden sein.

Kant meint nun, der Genuß der Empfindung liege in einem realen Erleben dieser Empfindung, von der die Affektlehre spricht, und – ein neuer Gedanke – in der Erzeugung der durch Assoziation damit verbundenen „ästhetischen Idee eines zusammenhängenden Ganzen, einer unnennbaren Gedankenfülle, einem gewissen Thema gemäß, welches den in dem Stück herrschenden Affekt ausmacht"; dementsprechend entstehen und vergehen auch die Affekte; damit ist auch der Genuß des musikästhetischen Erlebens ein vorübergehender. Die Form, in der uns diese Affekte und Ideen vermittelt werden, ist eine mathematische, eine durch die mathematischen Grundlagen der Tongebung überhaupt bedingte; an dieser mathemati=

schen Form allein hängt das ästhetische Wohlgefallen. Das Gefallen an der Form ist also beschränkt auf diese mathematisch bedingte Form. So tritt der Zwiespalt hervor, daß die Form durch die mathematischen Grundlagen bedingt ist, auf ihr das Wohlgefallen ruht, – und daß die Form mit jenen Tönen vergehen soll, damit auch die ästhetische Idee.

So muß Kant dazu kommen, daß die Musik, weil sie die ästhetischen Ideen nur im Wechsel der einzelnen Töne vermittelt, eine Kunst sei, die in keiner Weise mit dem Wert der anderen Künste wetteifern könne, die uns gedankliche Ideen in einer überreichen Fülle vermitteln.

Worin liegt nun der Fehler der Kantschen Deduktion? In Verkennung der Zeit- und Qualitäts*gestalten*, d. i. des Rhythmus und der Harmonie, schreibt Kant der Musik eine Form zu, die mit der Zeit entsteht und vergeht; Musik ist für ihn nichts Bleibendes, keine Gestalt, sondern eben Spiel der Empfindungen. Die mit dem Spiel der Töne erzeugten ästhetischen Ideen vergehen, sind nicht von bleibender Art; das ästhetische Gefallen an der Musik beschränkt sich vielmehr einzig und allein auf den mathematisch bedingten Aufbau des Tonspiels, die musikalische Form; nur der Form kommt das Attribut der freien Schönheit zu. So enthält diese Bestimmung Kants bereits auch Ansätze zum ästhetischen Formalismus. Er kennt nicht Form, musikalische Gestalt, die der Hörer zwar aus der Zeit heraus, aber über die Zeit hinaus zu einem Ganzen aufbaut. Die musikalische Gestalt, die wir im

Hören des Tonwerks aufbauen, ist unzeitlich wie die Gestalt des bildenden Kunstwerks oder der Poesie. Die mangelnde Kenntnis der Grundlagen der Musik hat Kant in seiner Ästhetik scheitern lassen. Zwei musikalische Strömungen sind nun, wo sie aufeinanderprallen, ihres Wertes völlig entkleidet.

Die Frage, ob beim ästhetischen Genuß die Form oder der Inhalt entscheidet, ist das Problem der *nachkantischen* Musikästhetik. Dieses Problem ist natürlich falsch gestellt. Jene scheinbare Gegensätzlichkeit zwischen Form und Inhalt wird dadurch gelöst, daß wir den Begriff der Form scharf erfassen, das Hauptmoment des Hörens erfassen, aus dem zeitlichen Nach- und Miteinander der Töne einen Formgehalt erfassen, der im Moment des Ablaufs der Töne als ein Ganzes vorliegt, der dann des zeitlichen Ablaufs der Töne enthoben ist. Die auf Kant folgende romantische Musikästhetik und die Bekämpfung dieser Musikanschauungen durch den Formalismus – Form und Materie, Form und Stoff – ist grundlegend.

Auch *Friedrich v. Schiller* (1759–1805), der auf die Kant'sche Formulierung aufmerksam gemacht worden war, meinte: Allerdings seien die pathologischen Wirkungen der Musik über allen Zweifel erhaben; die Musik könne aber nur zu einer ästhetischen Bedeutung gelangen, wenn die Form als Wertinhalt der Musik erfaßt werde. *Schelling* bringt die Korrektur zu Kant für die rhythmische Gestalt des geordneten Nacheinander.

Den Grundfehler der Kantischen Musikästhetik

hat auch *Joh. Gottfried Herder* (1744–1803) nicht bemerkt, noch ihn zu lösen vermocht. Er setzt vielmehr den Kantischen Distinktionen, deren Tiefe er meist gar nicht gerecht wird, eine von Grund auf andere Einstellung für Musik entgegen, die Einstellung des *Gefühls.* In wundervollen Darlegungen des Vierten seiner „Kritischen Wälder" (1769) hat schon der jugendliche Herder die Fundamente seiner Musikauffassung gelegt; die „Kalligone" des Reifen (um 1800) bringt neben der Polemik gegen Kant nur Erweiterung und Vertiefung des längst gewonnenen Standpunktes. Mit genialen Strichen umreißt er in dem Jugendwerk die spezifisch ästhetische Fragestellung. Physik der Klänge und Physiologie der Tonerregungen berühren noch gar nicht das psychische Phänomen „Klang" oder Ton. Alle Theorien der Leibniz, Euler oder d'Alembert nützen der Ästhetik des Tones kein Jota. Die Tonempfindung ist ein letztes Gegebenes der Sinnlichkeit, die Erregung unseres Gemüts durch Töne und Tonzusammenhänge ist eine Grundtatsache. Nicht an Einzeltönen, sondern an Tonzusammenhängen haben wir unser Wohlgefallen; nicht unsere Gefühle als Ich-Zustände, die sie erregen, sind Quelle aller ästhetischen Lust, sondern die Gefühle als Objekte unserer ästhetischen Betrachtung, die wir *mitempfinden.* Mitempfindend erfassen wir die Töne als *Ausdruck* eines Seelischen *außer uns,* wir setzen uns mit der „gleich gestimmten Umwelt" in innerste Beziehung; darin liegt der höchste Wert der Musik. „Anders tönt die Saite, anders das schwanke Rohr, anders die Tuba", aber jedes Tönende teilt uns im Tönen seine Seele mit. Freilich bleibt im reinen Klanggenuß, der keine Zwecke verfolgt, ganz unbestimmt, *wer* die Gefühle erzeugt; gerade in dieser Unbestimmtheit aber liegt die höchste ästhetische Würde und der höchste Reiz der Musik. Sie veranlaßt uns, die Gefühle in die Welt hinaus zu verlegen, die ganze Natur, das Weltall als beseelten, empfindenden Kosmos zu erleben. „Die Andacht will nicht sehen, wer singt; vom Himmel kommen ihr die Töne ... Wie also der Ton, von der getroffenen Saite oder aus dem engen Rohre losgemacht, frei in den Lüften hallet, sicher, daß er jedes mitfühlende Herz ergreift ..., so schwebt, von Tönen emporgetragen, die Andacht rein und frei über der Erde, genießend in Einem das All, – fühlend im engen Umfang unserer wenigen Tongänge und Tonarten alle Schwingungen, Bewegungen, Modos, Akzentuationen des Weltgeistes, des Weltalls."

Musik ist für Herder die Kunst der Sympathie im engsten Verstand. „Sympathetischer Zusammenhang" alles Lebenden, ja des Universums ist die ästhetische Formel, die Herder dem großen Briten Shaftesbury, dem Entdecker des modernen Naturgefühls, verdankt.

So hebt Herder in dithyrambischer Sprache die Affekttheorie aus einer rationalistisch gefärbten, pedantisch gehandhabten Theorie des musikalischen Einzelausdrucks von Gefühlen hinaus und hinauf in die Sphäre einer romantischen *Einfühlungstheorie* der Musik, – ein Schritt, bedeutsam genug, um dem vielverkannten Antipoden Kants in der Geschichte der Musikästhetik eine Vorrangstellung zu sichern. Und diesem großen Erlebnis-Ästhetiker vermag ein neuerer Historiker der Musikästhetik, Paul Moos (1902, 1922), in fünf Zeilen nicht mehr denn die billige Einsicht des gesunden Menschenverstandes zuzuerkennen!

In jener von kühnem dithyrambischen Schwung durchpulsten Stelle der Kalligone sehe ich ahnend die Entwicklung vorgezeichnet, welche die Musikauffassung der Romantik sowohl wie der spekulativen idealistischen Philosophie, auf Herder fußend, genommen hat. Schelling, Solger, Hegel, Schopenhauer, Nietzsche legen in immer differenzierterer begrifflicher Systematik fest, was Herder in der konzentrierten Form des sprühenden Gefühlsergusses ausspricht. So wie Herder hat die Musik der Romantik ihr eigenes Wesen, und hat die Spekulation des deutschen Idealismus die Musik gesehen. Mit Herder stehen beide in krassem Gegensatz zur intellektualistischen Affektenlehre des 18. Jahrhunderts, welche die möglichst genaue Nachahmung der wichtigsten menschlichen Affekte als Endziel der Musik gelehrt und daraus die sittigende Wirkung der Musik abzuleiten unternommen hatte.

Alle weiteren einzelnen Bestimmungen der unendlich reichen Herderschen Musikästhetik fließen aus dieser genialen Grundkonzeption. Derselbe Geist, der das Deutsche Lied wieder aus den Tiefen des eigenen Volkstums erklingen machte, der dem jungen Goethe von deutscher Art und Kunst den rechten Begriff gab, hat, seiner Zeit um Jahrzehnte vorauseilend, der deutschen Musikauffassung der Romantik die Wege gewiesen, — einer der großen Säemänner deutschen Wesens, der anderen, größeren die Ernte einzuheimsen überließ.

Die Weiterentwicklung des Problems ist hiermit vorgegeben. Den Denkern des deutschen Idealismus, die durch Herder sowie durch Kant tief und nachhaltig sich beeinflussen ließen, war die Aufgabe einer Synthese gestellt, und tatsächlich bieten die tief dringenden Gedankenreihen Schellings, Hegels, Schopenhauers solche von verschiedenen Gesichtspunkten aus gewonnene Synthesen der in der Kalligone aufeinander prallenden Gegensätze Kant und Herder dar. Und alle Systemversuche stimmen darin überein, daß sie die inhaltlichen Voraussetzungen mit Herder gemein haben; die Lösung aber besteht in deren Verschmelzung mit den formalen Voraussetzungen des transzendentalen Idealismus, der sich auf Kant aufbaut.

Von den drei großen Systematikern des transzendentalen Idealismus hat *Joh. Gottlieb Fichte* (1762 bis 1814) nicht unmittelbar zur Musik Stellung genommen. Umso stärker wirkt er mittelbar auf Schellings, Hegels, Schopenhauers Systembildung und Kunstmetaphysik. Wir können uns *Friedr. Wilh. Joh. Schellings* (1775—1854) Standpunkt ohne Beziehung auf Fichtes gewaltige Geistesarbeit nicht denken. Was ist Schellings System anderes als eine Umbildung von

Fichtes ethisch=praktischem Idealismus ins Ästhetische! Mit Fichte geht er von der schöpferischen Tathandlung aus. Aber die Natur ist ihm nicht das starre Nicht=Ich, welches das Ich in seiner Entwicklung erzeugt, nicht ein Brett, welches das Ich vor sich hinnagelt, sondern sie ist selbst Geist, unbewußter Geist, der in fortschreitender Entwicklung bewußter Geist werden will. Die ganze Natur ist eine Totalität, von immanenter Zweßmäßigkeit, doch ohne vorgegebenen Zweck. Das ist Schellings ästhetisches Naturbild. Von ihm aus bestimmt sich seine Auffassung der Kunst.

Ganz im spekulativen Sinne löst Schelling das Problem, den Kantischen Gedanken der Naturteleologie phantasievoll mit Herders Allbeseelungslehre zu verbinden. Natur ist nicht so anzusehen, als ob sie Kunst wäre; Kunst ist nicht so wirkend zu denken, als ob sie Natur sei; sondern die Natur *ist* das größte Kunstwerk, das sich erst unbewußt, in einer Stufenfolge, bis zum bewußten Geist entwickelt; Kunst *ist* die höchste Vollendung der Natur in der Sphäre des bewußten Geistes. Natur ist Geist, die Musik ist die tiefste ureigenste Sprache der Natur. Die schwierige und eigenwillige Terminologie, in der Schelling – in striktem Gegensatz zu Herders herrlich plastischer Rede – seinen Grundgedanken entwickelt, mögen wir auf sich beruhen lassen. Wenn er den Klang nichts anderes nennt als „die Anschauung der Seele des Körpers selbst oder des ihm unmittelbar verbundenen Begriffs auf dieses Endliche“, so spricht er eben im Gewande be=

grifflicher Konstruktion Herders Gedanken der All=beseelung der Natur im Klangerleben aus. Aber die Begründung der Allbeseelung lautet ganz anders: Herders ästhetischer Naturalismus ist durch Kant und Fichte zum Idealismus gewandelt. Was ist das Erste? Der unbewußte schöpferische Urgrund, die Potenz, die bewußter Geist werden will; das Unendliche, das endliche Natur werden muß, um endlich in der Stu=fenentwicklung der Natur im Menschen als bewußter Geist sich selbst anzuschauen. In dieser Einbildung des Unendlichen ins Endliche der Natur, des Körpers, kann die Indifferenz von Natur und Geist nur als *Klang* hervortreten. Eine weltweite Spekulation tut sich vor uns auf: Herders unbestimmt=Seelisches, sein Ahnen des Weltalls wird ins Begriffliche fixiert, mit uralten pythagoreischen Gedankengängen ver=woben. Melodie, Harmonie, Rhythmus als Formen der Töne werden zu Formen des schöpferischen Ur=grundes, sofern er sich anschaulich in der sichtbaren Welt konkretisiert. *Musik* ist der vernommene Rhyth=mus und Harmonie des sichtbaren Universums, Sym=bol der Bewegungsformen der Gestirne. So wird Mu=sik zur *kosmischen Kunst* wieder erhoben, die sie bei den Pythagoreern gewesen.

Nicht die Spekulation als solche, die nüchternen Geistern widerstreben mag, sondern der Sinn dieser Spekulation erheischt Interesse. Von der Seite der ra=tional=intellektuellen Musikanschauung her, wie sie in Kants formalen Bestimmungen der Musik sich aus=wirkt, gewinnt Schelling in Verbindung mit dem All=

beseelungsgedanken seine *kosmische Musikmetaphy=sik.* Das „Innerste" der Musik sind nicht Gefühle, sondern Formen, Formen des Unendlichen in der An=schaulichkeit des Endlichen. Der *Rhythmus,* diese „Musik in der Musik", ist der eigentliche Form*träger,* das Tonliche ist sinnliches Substrat. Schelling löst denn auch – eine nirgends gewürdigte Leistung – im Prinzip das Problem der musikalischen *Form,* an dem Musiker und Philosophen scheiterten. „Die Sukzes=sion rein als solche" – meint er – „hat den Charakter der Zufälligkeit. Verwandlung des Zufälligen der Suk=zession in Notwendigkeit ist Rhythmus, wodurch das Ganze nicht mehr der Zeit unterworfen ist, sondern sie in sich selbst hat". Kann man einfacher, großarti=ger zugleich das apriori der Zeitgestaltung bezeich=nen, wodurch Musik im Kantischen Sinne notwendi=gerweise in die Reihe der schönen Künste einrückt?

Was bei Herder als geniale künstlerische Intuition erscheint, das deduziert *Georg Wilh. Friedr. Hegel* (1770–1831) in logischer Synthese aus dem Phäno=men des Klanges. Dort bei Herder tritt im Klang – im Erzittern aller Teile der Stofflichkeit des Kör=pers – die Wesensform, die Innerlichkeit oder Seele des tönenden Dings hervor. Die logische Idee der Innerlichkeit ist hier, bei Hegel, das Prius. Sie gestal=tet sich zur Realität im tönenden Körper. Ist so der Klang selbst Realisation der Innerlichkeit, so ist erst recht die Kunst der Töne Kunst der Innerlichkeit, des Gemüts.

Neue und vertiefende Bedeutung erhält diese We=

sensbestimmung der Musik doch erst wieder im Gesamt-Zusammenhang des Hegelschen Systems. Da entfaltet sich das Eine des Geistes in stufenweisem Fortgang erst zur Natur, zum subjektiven Geist der menschlichen Einzelseele, zum objektiven Geist von Recht, Sitte und Staat, um schließlich im unendlichen, absoluten Geist sich selbst wissend wiederzufinden. In der Kunst tritt er in die äußere Wirklichkeit, in die sinnliche Erscheinung als das Schöne, in der Religion verdichtet er sich zum innerlichen Erlebnis der Gottheit, erst in der Philosophie ersteht er wieder als reiner Begriff für ein begreifendes Denken. Das Schöne selbst, als anschauliche Offenbarung des unendlichen Geistes, ist nichts anderes als die Sinnlichmachung der Idee in der Erscheinung. Das Schöne der Natur löst diese Aufgabe nur zufällig und unbewußt. Die Kunst aber hat die Möglichkeit und die Mission, die Idee restlos, bewußt, von allen Schlacken frei im Material der sinnlichen Anschauung zur Darstellung zu bringen.

Diesen in wundervoller Intuition geahnten, tiefsinnigen Gedanken in ganz fruchtlosen Analogien zum Werden der anorganischen und organischen Natur weiter ausgesponnen zu haben, ist einer jener beleidigenden Dilettantismen, an denen *Arthur Schopenhauers* (1788—1860) sprunghaftes Denken so reich ist. Da wird der Grundbaß der Harmonie zum ungefügten Repräsentanten der plumpen, anorganischen Materie, die Mittelstimmen der Harmonie bedeuten die aus ihm hervorgegangene niedere, organische Welt, und erst die in sich selbständig sinnvolle Melodie der Oberstimme wird zum Abbild der höchsten Objektivation des Willens, des besonnenen menschlichen Lebens und Strebens. Die Melodie aber erzählt – ein feiner Gedanke – die Geschichte des von der Besonnenheit beleuchteten Willens, und zwar seine geheimste Geschichte, sie malt jede Regung, jedes Streben, jede Bewegung des Willens, alles das, was die Vernunft unter dem weiten und negativen Begriff Gefühl zusammenfaßt und nicht weiter in ihre Abstraktionen aufnehmen kann.

Wiederum aber malt die Melodie, Musik überhaupt, alles dies in eigenartiger Weise. Nicht diese oder jene einzelne Freude, diesen oder jenen Schmerz drückt sie aus, sondern *die* Freude, *den* Schmerz, *den* Jubel selbst, das Wesentliche, das An-sich-Seiende derselben, den innersten, aller Gestaltung vorgängigen Kern. So wird die Musik zur eigentlich metaphysischen Kunst, die, auf den Umweg über die Erscheinung verzichtend, das Ding-an-sich des Willens unmittelbar abzubilden unternimmt. „Das unaussprechlich Innige aller Musik, vermöge dessen sie als ein so ganz vertrautes und doch ewig fernes Paradies an uns vorüberzieht, so ganz verständlich und doch so unerklärlich ist, beruht darauf, daß sie alle Regungen unseres innersten Herzens wiedergibt, aber ganz ohne die Wirklichkeit und fern von ihrer Qual."

Warum, so fragen wir, steht die Musik in den Systemen des deutschen Idealismus unter den Künsten an so bevorzugter Stelle? Der Grund ist in ihrer Beziehungslosigkeit zur Welt der Erscheinungen zu su=chen. Darin liegt die hochbedeutsame Leistung Schel=lings, Hegels, Schopenhauers, daß sie den Nach=ahmungsgedanken, der die Affektenlehre des voraus=gegangenen Jahrhunderts beherrscht, für die Musik prinzipiell überwinden. Darin aber gründet auch die geheime Liebe der romantischen Philosophen zur Kunst der Töne, daß sie allein hinter die Erscheinung in das Reich des an=sich=Seienden vorzudringen scheint.

Den Gegensatz zwischen der Musik und den übri=gen Künsten, den die Systematiker des transzenden=talen Idealismus sowohl wie ihr Antipode Schopen=hauer als methaphysischen begriffen hatten, löst *Friedr. Wilh. Nietzsche* (1844—1900) in fruchtbarster ästhe=tischer Intuition in einen kategorialen Gegensatz zweier letzter künstlerischer Grundkräfte oder Grund=triebe auf: Kunst des Traumes und Kunst des Rau=sches, das Apollinische und das Dionysische, stehen einander als letzte Phänomene künstlerischer Gestal=tung gegenüber. Wiederum ist Herder der — schier unerschöpfliche — Born, aus dessen Fülle auch Nietz=sche seine gedankentiefe Gegenüberstellung schöpft. Er hatte in den „Kritischen Wäldern" die Musik aus=drücklich als Kunst des Rausches von den bildenden Künsten des Scheins abgehoben, womit der Kernge=danke von Nietzsches Lehre unweigerlich vorwegge=nommen erscheint. Auch für Nietzsche ist ja Musik als Rauschkunst die dionysische Kunst im engsten Verstand. Sie ahmt nicht „Erscheinung" nach, sondern bannt Erleben, den „Willen" selbst als unbewußt schaffende Kraft, in die Form der Erscheinung. Alle nur „nachahmende" Musik ist Zeichen des künstlerischen Verfalls; sie verfehlt ihre kategoriale Bestimmung und damit ihr künstlerisches Ziel. Selbst wo der Tondichter einmal in Bildern über sein Werk redet, eine Symphonie als pastorale, einen Satz als „Szene am Bach" bezeichnet, sind dies nur gleichnisartige, aus der Musik geborene Vorstellungen, – nicht etwa die nachgeahmten Gegenstände der Musik. Ihr einziges Objekt ist der „Wille" im Schopenhauerschen Sinne, nicht als Wesen, sondern als Erscheinung.

Ist aber für Nietzsche Musik auch die dionysische Kunst, so ist mit solcher Trennung keine starre Scheidewand zwischen ihr und den apollinischen Künsten aufgerichtet.

Greift nicht Apoll, der lichte Traumgott, in die Leier, gibt es nicht eine apollinische Musikübung, die Musik des begleitenden Saiteninstruments und epischen Gesangs, im Gegensatz zur orgiastischen Aulosmusik des Dionysoskults und zur dionysischen Lyrik des Volksliedes? Stehen nicht auf dem Boden der Poesie die apollinische, bildnerische Traumform des Epos und die dionysische, musikalische Rauschform der Lyrik einander gegenüber, um sich in der attischen Tragödie zur neuen Stileinheit zu verschmelzen? In mythischem Gewand und vorzüglich auf die antike Kunst sich beschränkend trägt Nietzsche einen tiefsinnigen und ungeahnt fruchtbaren Gedanken vor: Nicht die Einzelkünste als Realitäten, sondern ihre

Kategorien, nicht Musik und bildende Kunst, sondern das Musikalische und das Plastische sind spezifisch voneinander verschieden und den künstlerischen Zeugungskräften des Apollinischen und des Dionysischen vorzugsweise zugeordnet. Die Kategorien des Musikalischen, Plastischen usw. sind ihrerseits auf andere Künste übertragbar und führen so zur gegenseitigen Befruchtung und Bereicherung sowie „wechselseitigen Erhellung" der einzelnen Künste untereinander. An Stelle der metaphysischen Unterscheidung der Einzelkünste tritt bei Nietzsche deren kategoriales Zusammenspiel, ohne welches eine Einheit der Kunst in der Mannigfaltigkeit der „Künste" nicht einmal gedacht werden kann.

Richard Wagner (1813–1883) zieht die praktische Musik heran zur Ausdeutung letzter kosmischer Geschehnisse. Nietzsche aber, erst Anhänger Wagners, mußte sich aus seiner Auffassung von der „nachahmenden" Musik heraus notwendig zu dessen Gegner wandeln.

Hegels und Schopenhauers Einstellung ist *Inhalts-Einstellung* und zwar *idealistische* Einstellung. Worin besteht das Idealistische? Darin, daß das Gefühl, welches im musikalischen Kunstwerk zur Darstellung kommt, nicht als ein reales und von uns unmittelbar erlebtes Gefühl angesehen wird, sondern der Gefühlsgehalt einen Vorstellungsinhalt bedeutet, auf den sich unsere Konzentration richtet. Die Gefühlsgehalte des musikalischen Kunstwerks erfassen wir als Phantasie-Gehalte, als Produkte unserer Phantasie.

Hier ist eine Antwort auf eine grundlegende Frage gegeben: Wie sollen die Gefühle, um deren Erlebnis im Kunstwerk es sich handelt, beschaffen sein? Sind sie bestimmt, können wir sie in eindeutiger Weise erleben? Oder sind die Gefühle, z. B. des Tristan-Vorspiels, von unbestimmter Natur? Können wir die Gefühle genau in Worten angeben und z. B. in Worten festhalten? Hegel und Schopenhauer antworten mit Nein; es seien nur unbestimmte Gehalte, die wir dem musikalischen Kunstwerk entnehmen können.

Eine andere Auffassung der Inhalts-Ästhetik antwortet auf die vorigen Fragen mit Ja. Diese Richtung kann eine *naturalistische,* inhaltsästhetische Einstellung genannt werden.

Naturalistisch ist schon die Affektenlehre des 18. Jahrhunderts gewesen, z. B. bei *Rousseau,* der den Ursprung der Musik in der Sprache und in jeder Musik sprachliche Elemente sieht, ebenso die Theorie über den Ursprung der Musik aus der Sprache von *Darwin, Spencer.* Sie haben einer ganzen naturalistischen Schule das Material zu einer Neubildung der Affekttheorie des 18. Jahrhunderts gegeben.

Typischer Vertreter einer solch naturalistischen Ausdruckstheorie ist *Friedrich von Hausegger* (1837 bis 1899) mit seinem Buch „Musik als Ausdruck". Der Grundgedanke darin ist: Alle musikalischen Bildungen erwachsen aus den primitivsten Laut-Äußerungen, die vor aller sprachlichen Formulierung statt haben; aus dem Schrei, dem Schmerzensschrei, dem Jauchzer erwachsen die Gefühlsgehalte, die in den musikalischen Elementen liegen. Übertragen wird uns im musikalischen Kunstwerk ein realer Gefühlsgehalt; was der Komponist im Augenblick des Schaffens des Kunstwerkes erlebt, wird durch die formgewordene Sprache und die vermittelnde Wirkung des Interpreten auf den Hörer übertragen.

Auf der *idealistischen* Seite steht *Eduard von Hartmann* (1842–1906), der die Gefühle, die das Kunstwerk vermittelt, als unwirkliche, scheinhafte Gefühle auffaßt und einen großen Teil des ästhetischen Genusses in jene Scheinhaftigkeit, in die Unwirklichkeit jener Gefühle setzt. Wir werden in der systematischen Darstellung genauer Stellung nehmen.

Wir sehen, wie die inhaltsästhetische Betrachtungsweise zu zwei grundverschiedenen Haupteinstellungen geführt hat und wie zwischen diesen beiden Richtungen eine scheinbar nicht zu überbrückende Kluft geschaffen ist.

Wir stellen zunächst der inhaltsästhetischen Auffassung die *formalistische Auffassung* entgegen. Schon bei Kant und Schiller klingt sie an; diese sagen: Wenn überhaupt ein ästhetisches Moment im Kunstwerk enthalten ist, so liegt es in der Form. Kant aber hat noch dazu eine schiefe, völlig unmusikalische Vorstellung von der Form; das hat ihn verhindert, zwischen jenen zwei verschiedenen Strömungen die Waage zu halten. Ein spezifisch formalistisches System setzt mit einer Art von Notwendigkeit einen Denker voraus, der in die Eigenart der musikalischen Form tiefer eingedrungen ist, der Musiker genug ist, um die Eigentümlichkeit der musikalischen Form ganz zu erfassen.

Eine erste Kritik der Lehre vom Gefühlsgehalt der Musik hat *Joh. Friedr. Herbart* (1776–1841) gegeben, der in seiner Musikästhetik eine Art besserer Traumdeuterei gibt. Er fragt z. B., welche Gefühle können wir in einer Bachschen Fuge feststellen, und gibt die Antwort dahin, die Aufweisung eines solchen Gefühlsgehaltes sei unmöglich.

Auf der Auffassung Herbarts basiert *Eduard Hanslicks* (1825–1904) Buch „Vom musikalisch Schönen". Im ersten Teil des Buchs gibt Hanslick eine glänzende Theorie von den Gefühlen; das Ergebnis seiner Betrachtungsweise ist, wie unklar die Gefühle des musikalischen Genusses sind. Aber so geistreich diese Kritik ist, so ist doch eines nicht ganz in Ordnung; sie stellt es dar, als ob es sich um Gefühle im spezielleren Sinn handeln würde, z. B. das Gefühl der Dankbarkeit, der Freude mit einem ganz bestimmten Inhalt. Daß die Musik derartige Gefühle nicht aus sich selbst heraus darzustellen vermag, hat keiner der großen Inhaltsästhetiker des 19. Jahrhunderts jemals bestritten. Die positive Lehre Hanslicks, daß Musik nur imstande sei, gewisse dynamische Formen, den Bewegungsablauf von Gefühlen einigermaßen nachzuzeichnen, – dieser positive Beitrag zur Gefühlsästhetik steht heutzutage noch zur Diskussion. Hanslick sieht in der Musik „tönend bewegte Form"; d. h. ein Moment ist der Darstellung durch Musik jederzeit fähig, nämlich gewisse Bewegungseindrücke, wie Aufsteigen, Fortschreiten usw.; solche Bewegungseindrücke dürfen nur symbolisiert werden, weiter darf die Musik in der Wiedergabe derselben nicht gehen. Nun sucht Hanslick in sehr gekünstelter Weise darzutun, daß diese Bewegungsinhalte, diese Bewegungsformen eben Form und Inhalt der Musik zugleich seien, daß die Unterscheidung von Form und Inhalt im Musikalischen keinen Sinn mehr habe. Dies ist wieder eine sehr wichtige Bestimmung, deren Richtigkeit oder Unrichtigkeit erst zur Diskussion steht; wir werden es im systematischen Teil unserer Ausführungen erst noch sehen.

Hanslick wurde noch übertroffen durch *Robert Zimmermann* (1824—1898), der nicht etwa die anschaulichen Formen, die Bewegungsformen als solche als Elemente des ästhetischen Genusses ansieht, sondern die abstrakten Denkformen, das Schema der Proportionalität usw. Dies ist eine ganz einzig dastehende, ganz musikfremde Anschauung.

Wir haben also verschiedene Systeme vor uns, zwischen denen scheinbar keinerlei Verbindung mehr besteht. Eine Reihe von Autoren bemühte sich, zwischen diesen Richtungen Brücken zu schlagen. Z. B. die psychologische Einstellung von *Hermann Siebeck* (1842—1920), der gleich alle drei Extreme in einem System zu entwickeln suchte. Er geht aus von Hanslicks Musik als tönender Form; er anerkennt die Beziehungen zwischen Musik und Sprache, die in ihrem Aufbau bestehen; zugleich versucht er den Gefühlsgehalt als einen idealen, scheinhaften darzustellen und sucht die Kluft zwischen der realen und der idealen Richtung zu überbrücken, indem er sagt: Die realen Gefühlsgehalte, z. B. der Sprache, haben in der Musik eine Formalisierung und eine Idealisierung erfahren; und jene idealisierten, von allen möglichen Nebeneindrücken befreiten Inhaltseindrücke sind die idealen Gehalte beim musikalischen Erfassen. Auch diese Theorie kann natürlich nicht den Anspruch erheben, als abschließende Musiktheorie zu gelten.

Daneben hat sich seit den Tagen *Gustav Theodor Fechners* (1801—1887) eine auf Theorie und Experiment eingestellte Ästhetik die Aufgabe gestellt, die Grundlagen jener verschiedenen Einstellungen wie Form= und Inhaltsästhetik durch das psychologische Experiment zu prüfen. Eine Reihe von Arbeiten befaßt sich damit, den Formaufbau und die Qualität der Formelemente festzustellen; z. B. Arbeiten über Eindrücke von Konsonanz und Dissonanz usw.; besonders hat sich die amerikanische Theorie damit beschäftigt, auch das Inhalts=Erleben einer experimentellen Untersuchung zugänglich zu machen. Da ist eine Reihe von brauchbaren Einzelergebnissen zustande gekommen, aber nicht ein Ausgleich zwischen den beiden extremen Richtungen. Warum? Wir müssen die Frage stellen: ist die *psychologische Analyse* derartiger einfachster musikalischer Elementarinhalte überhaupt imstande, über Art des Genusses, Wert und Unwert eine Entscheidung zu treffen? Kaum! Sie hat die Prozesse darzulegen, die beim Erfassen zutage treten. Z. B. könnte sie entscheiden, in welcher

Weise jene Gefühle, die wir als Inhalte eines musikalischen Kunstwerks ansehen, gegeben sind; ob wir sie als Gefühle oder als Vorstellungsinhalte erleben; ob die Lehre von den ästhetischen Scheingefühlen haltbar ist oder nicht. Sie könnte für das formale Erfassen eines Kunstwerkes z. B. zeigen, welche Rolle das rhythmische Element, das klangliche usw. spielt. Sie kann aber nicht entscheiden, auf welcher der beiden Gruppen der eigentliche Wertgehalt liegt.

Es wird immer ein Moment der Einstellung, des subjektiven Herantretens an das Kunstwerk zu betonen sein. Diesem subjektiven Erfassen sind durch das Kunstwerk, durch das Objekt selbst, Vorschriften gegeben und Grenzen gezogen. Das eine Kunstwerk will mehr in diesem Sinn, das andere wieder in jenem Sinn aufgefaßt werden, z. B. Schumanns Kinderstücke im Gegensatz zu komplizierten musikalischen Gebilden, wo wir mit dem formalen Aufbau mitdenken und nachdenken müssen, und wo dann dieses Nachdenken eine starke Seite des ästhetischen Genusses ausmachen wird.

So bleibt also nachzuweisen, wie weit die Einstellungen auf das Kunstwerk bedingt sind im Objekt des Kunstwerkes; wie weit der Künstler es vermocht hat, die Auffassung des Hörers in entscheidender Weise zu lenken.

SYSTEMATISCHER TEIL

3. KAPITEL

Phänomenologie des musikalischen Genusses

(Das Genießen. Das musikalische Kunstwerk)

Alles Ästhetische wird für uns zu einem eigenartigen Wertgehalt erst in der Form des Genießens, d. h. der reinen Betrachtung.

Ein religiöses Lied kann uns erbauen, eine einschmeichelnde Tanzmelodie zum Tanze locken; ein frohes Wanderlied läßt uns die Strapazen der Landstraße vergessen. Das sind Zwecke und Leistungen, die, von außen an die Musik herangetragen, scheinbar die Auffassung widerlegen, die den Genuß in den Mittelpunkt der Betrachtung stellt.

Was ist „musikalisches *Genießen*"? Worauf, auf welchen Erlebnissen beruht es? Wir reihen das musikalische Kunstwerk in eine allgemeinere Reihe ein, in das Genießen. Was heißt Genießen? Nehmen wir z. B. Genuß am Spiel, am Sport, materiellen Genuß usw., also Dinge, die mit ästhetischer Einstellung nichts zu tun haben, denen aber doch eine Reihe von Momenten mit dem ästhetischen Genießen gemeinsam ist. Wir müssen also trennen: Genießen an sich, ästhetisches Genießen, und in neuer Unterteilung musikalisches Genießen.

In der gesamten Ästhetik hat man die Erlebnisweise des Genießens verwechselt mit den andern Erlebnissen, z. B. der Freude, des Gefallens, Mißfallens, die von der rationalistischen Richtung in den Mittelpunkt gestellt wurden. Gefallen – Mißfallen bedeutet bereits eine positive oder negative Stellungnahme, ein Urteil. Das Genießen selbst aber berechtigt noch nicht zu einem Urteil, zu einem Werturteil des Gefallens oder Mißfallens. Das primäre Erlebnis ist nicht Gefallen oder Mißfallen, sondern jene eigentümliche Einstellung auf ein Objekt, die wir eben „Genießen" nennen. Wenn wir das Genießen etwa mit Freude oder bloßem Gefallen identifizieren wollten, so würde auch diese Definition ein falsches Bild geben. Freuen kann man sich bekanntlich „über" etwas; genießen aber kann man sich nicht „über" alle jene Dinge, über die man sich freuen kann, z. B. freuen über schönes Wetter, freuen über die Ankunft eines Freundes; letztere kann man nicht genießen.

Denn das Genießen ist ein Hineingehen in einen andern Gegenstand, ein Sich-Versenken. Es ist das Verdienst von Moritz Geiger, in einer Analyse des ästhetischen Genusses die Eigentümlichkeiten des Genießens genauer festgestellt zu haben. „Eine Landschaft genießen" bedeutet bei einem Gegenstand verweilen; er löst nicht bloß Freude aus, er muß einbezogen werden in das Genießen. Das Genießen an sich kann völlig unabhängig sein von einem realen Gegenstand; wir können genießend verweilen bei Erinnerungen, auch bei Gedanken, z. B. einem Gedicht.

Nicht der Gegenstand also ist von Einfluß, sondern die Art der Einstellung auf den Gegenstand, der zum Genießen befähigt. Wir halten also bei der Begriffsbestimmung des Genießens ein erstes Moment fest: Verweilen bei dem Gegenstand, *Aufnahme* desselben; das Genießen hat die Tendenz, den Gegenstand völlig auszuschöpfen. Der Gegenstand in der ganzen Fülle seiner sinnlichen Gegebenheit wird beim Genießen in viel nähere Beziehung zum eigenen Ich gebracht als bei bloßer Freude.

Infolge der unmittelbaren Hingabe an den ästhetischen Gegenstand ist die Möglichkeit des unmittelbaren Urteils über diesen Gegenstand entzogen; z. B. beim musikalischen Genießen einer Beethoven-Symphonie ist eines der wesentlichen Merkmale unseres seelischen Verhaltens, daß unser ganzes Ich im Gegenstand des Genusses aufzugehen scheint. Es ist nicht das genießende Ich und daneben noch ein anderes praktisches Ich vorhanden; wir können nicht genießen, wenn wir nicht alle anderen Interessen unseres Ichs ausschalten; wir müssen unser theoretisches Urteil, unser Denken, jede praktische Einstellung auf ein Handeln aufheben. Diese Art der *Isolation* im ästhetischen musikalischen Genießen ist nicht bloß eine Eigentümlichkeit des ästhetischen Genießens, sondern auch jedes Genusses überhaupt. Im Moment der Hingabe an den Genuß werden jedwede anderen Arbeiten unseres Ichs ausgeschaltet.

Das musikalische Genießen ist — wie jedes Genießen — zwar nicht unbegründet, jedoch *motivlos:* und es isoliert in seiner Motivlosigkeit das Tonwerk und seine Erfassung aus dem Zusammenhang des praktischen und theoretischen Verhaltens. Es ist nicht interesselos – wie Kant dies unglücklich ausgedrückt hat –; im Gegenteil, der musikalische Genuß stellt eine höchste Konzentration des Interesses auf das Tonwerk dar; doch ist er – was auch Kant sagen will – *uninteressiert*, d. h. er trägt seinen Zweck in sich selbst und ist frei von praktischen oder theoretischen Nebenzwecken.

Als ästhetischer Genuß ist das musikalische Genießen weiterhin Genuß in der *Betrachtung* des Tonwerks, und zwar in der Betrachtung der ganzen Fülle und Mannigfaltigkeit des im Tonwerk Gegebenen. Er ist *anschauliche* Betrachtung, sofern er nie ein Abstraktes, Gedanken, Gefühle an sich, losgelöst von einer Verkörperung, sondern immer diese in der konkreten Form des tönenden Wahrnehmungsinhalts zum Objekte hat.

Was sind nun die weiteren Momente, die ein Genießen zu einem ästhetischen Genießen machen? Wenn wir z. B. Sport treiben, einen Berg von fünf verschiedenen Seiten erklettern, so steckt in jeder der fünf Klettertouren ein Genuß. Wesentlich ist aber eine besondere Weise des Genusses; wir genießen dabei etwa unser eigenes Können, dem Berg von allen Seiten her gerecht zu werden. Der Sportgenuß ist charakteristischerweise ein Genuß der eigenen Fähigkeit. Ähnlich genießt der Schachspieler weniger die interessanten Kombinationen, sondern die Fähigkeit, den Gegner zu überwinden. Ein solches Genießen des eigenen Ichs kann nicht ästhetisch genannt werden. Wir können auch unsere eigenen Stimmungen genießen; z. B. der Sentimentale tut dies gern und genießt, was für ein eminent gefühlvoller Mensch er ist, wie reich sein inneres Erleben ist. Auch das ist nicht ästhetisch. Aber wir rücken schon nahe heran an die Verhaltensweise vor einem Kunstwerk. Die antike Affekttheorie erlebte Stimmungen; die Musik ist Anlaß, auf die eigenen Stimmungen einzugehen. Hanslick sagt einmal: Der Laie fühlt am meisten, der Kunstkenner am wenigsten an einem musikalischen Kunstwerk. Das ist nicht ganz unrichtig gesagt.

Das Moment des Aufgehens des Genußobjektes in der eigenen Persönlichkeit ist nun das Moment, das „Genuß" und „ästhetischen Genuß" abgrenzt. Von hier aus sehen wir weiterhin:

Niemals ist das musikalische Genießen schon identisch mit dem Auffassen des musikalischen Inhalts selbst. Es ruht vielmehr auf einer Fernhaltung jenes Inhalts als zu betrachtendes Objekt vom erlebenden Ich; es hat eine ästhetische *Distanzierung* des Wahrnehmungsgegenstandes und seiner Wirkung vom erlebenden Ich zur Voraussetzung. Dies kommt zustande durch ein spezielles Verhalten, das in der ästhetischen Literatur als *Konsideration* bezeichnet wurde. Wir stehen dem Kunstwerk gegenüber als Betrachter; Form und Gehalte bleiben während des Genusses immer vor uns bestehen; die Gefühle, die sie in uns rege machen, die innere Gehobenheit wird mitgenossen als ein Gehalt des Kunstwerkes. Nehmen wir das Beispiel einer schwermütigen Melodie: die Erregung beim Erfassen ihres schwermütigen Gehaltes kann nur auf uns überströmen; wir werden nicht in dem Sinn schwermütig, daß wir aus dem Konzertsaal schwermütig fortgehen und das Gefühl, das wir aus dem Kunstwerk entnommen haben, in unser praktisches Verhalten überfließen lassen; sondern wir bleiben auch noch weiterhin „fern-eingestellt". Daß aber der Gefühlsgehalt, Stimmungsgehalt eine gewisse Ferne besitzt, ist eine Tatsache, die wir nur dem unmittelbaren Erleben abnehmen können, und die sich nicht bestreiten läßt.

Das musikalische Erleben eines Kunstwerkes im Sinn einer Betrachtung hat gegenüber dem betrachtenden Erleben, etwa der Natur oder anderer Künste, scheinbar gewisse Schwierigkeiten. Ein Bild als Gegenstand zu betrachten, oder die Worte eines Gedichtes betrachtend zu erleben, ist eine Einstellung, die uns völlig selbstverständlich erscheint. Bei den *Tongestalten* dagegen hat immer wieder das Vorurteil bestanden, als könnten wir uns auf diese Gestalten und Formen nicht betrachtend einstellen, da wir erst stimmungsmäßig erleben und erst das Stimmungsmäßige der Gegenstand unseres Genusses sei. Dies ist mißverstanden bei Kant, auch in dem oben genannten Aufsatz von M. Geiger.

Die *Stimmungen*, die wir der Musik entnehmen, können wir ebenfalls als *Objekt-Gehalte* vor uns hinstellen, z. B. ein Impromptu von Schubert. Damit ist aber noch nicht gesagt, wie weit ich in diesen Stimmungsgehalt eingehe oder nicht. Wir könnten eine Reihe von Stimmungen dem musikalischen Kunstwerk nicht entnehmen, wenn sie nicht als Objekt im Kunstwerk wären, und namentlich, wir könnten sie nicht genießen. Als Beispiel sei hier der schaudervolle Schluß der „Salome" genannt: Können wir sagen, dieser Schluß gefällt mir? Wir werden sagen, in gewissem Grade: Nein! Wir können ihn aber im Rahmen des gesamten Kunstwerkes genießen; und zwar deshalb, weil wir das, was hier vorgeht, als Objekt vor uns haben; weil es in einen Objekt-Zusammenhang hineingestellt ist und aus diesem heraus verstanden wird. Das gehört nun zu den schwierigsten Problemen der Ästhetik, inwieweit das Häßliche Teil eines künstlerischen Genusses werden kann. Eine der nächsten Voraussetzungen für diese Möglichkeit ist die Einstellung im Sinne einer Betrachtung von Gegebenheiten, Betrachtung eines Objekts. So sehen wir, wie das ästhetische Genießen sich vor anderen Formen des Genusses auszeichnet: dadurch, daß es reiner *Betrachtungs-Genuß* ist.

Aber nicht jeder Betrachtungs-Genuß ist ästhetischer Genuß. Wir müssen den ästhetischen Genuß nach weiteren bestimmten Richtungen hin einengen. Wenn wir das Genießen eines musikalischen Kunstwerkes rückschauend zu erleben versuchen, so finden wir, daß außer diesem Betrachtungsmoment der Konsideration noch andere Momente in Frage kommen.

Was ist im Kunstwerk gegeben? Zunächst Töne,

Tonfolgen, Zusammensein und Aufeinanderfolge von Tönen. Dies ist aber zweifelsohne nicht Gegenstand des Genusses. Dieses Zusammensein und Aufeinanderfolgen ist gestaltet; und an jede einzelne Phase dieser Gestaltung schließen sich Teile unseres Erlebens. Wir haben vor uns die unmittelbar klingende Materie, die eine Reihe von Genüssen auszulösen vermag. Wir müssen aber diese Eindrücke zu einer Folge nachschaffend gestalten; daran schließt sich wieder eine Reihe von Teilkomponenten des musikalischen Genusses. Endlich haben wir im Klangmaterie-Gehalt wie im Formgehalt ein Bedeutungsmoment; die Töne sind nicht nur „Gehalt", sondern „bedeuten" irgend ein Seelisches.

Nun fragt es sich: Wie ist diese Bedeutsamkeit der Töne gegenüber der Bedeutsamkeit von Wahrnehmungsinhalten in unserem gewöhnlichen Leben unterschieden? Wenn ich z. B. die Sätze eines wissenschaftlichen Buches lese, so bedeuten sie einen gedanklichen Inhalt; dieser führt mich hinaus in die Probleme, denen er angehört, z. B. einem logischen Problem. Der Wahrnehmungsgegenstand weist über sich hinaus auf bestimmte Zwecke und Absichten; er weist auf ein Fremdes hin, auf kausale Beziehungen oder Zweckbeziehungen usw., kurz auf ein Fremdes. Nun zum Wahrnehmungsgehalt der Töne: in diesen Gestalten liegt eine Bedeutsamkeit, die den Wahrnehmungsgehalten an sich zukommt; es ist eine Eigenbedeutung des Wahrnehmungsgehaltes, auf die sich unser Erfassen und der Genuß unseres Erfassens richten. Wir können die ästhetische Wahrnehmung dadurch charakterisieren, daß ihr eine besondere *Eigenbedeutsamkeit* zukommt. Der ästhetische Wahrnehmungsgehalt weist nicht nach außen, sondern in sich hinein, und zwar in bestimmten Beziehungen, die den Aufbau des Wahrnehmungsgehaltes mit dem Aufbau unseres seelischen Erlebens verknüpfen. Dieser Fall der Eigenbedeutsamkeit der Wahrnehmung ist besonders deutlich in der Musik; z. B. dem Tonspiel in der Fuge entspricht im praktischen Leben gar nichts. Bei anderen Künsten ist dies anders: das Bild hat abgesehen von jeder ästhetischen Einstellung eine Reihe von Bedeutungsgehalten, es stellt z. B. ein Haus vor usw. Der Satz bedeutet einen Gedankengehalt an sich unabhängig von mir. In der Musik sind wir in der Lage, vielleicht am leichtesten das Moment der Eigenbedeutsamkeit zu verfolgen.

Es tritt noch ein weiteres Moment auf, wenn unser Genießen sich einstellt; die Tendenz der *Totalität;* alles Genießen will den Gegenstand völlig erschöpfen; es hat die Tendenz, das Ich im Gegenstand völlig aufzulösen. Die Genußwirkung des Gegenstandes liegt vor allem mitbegründet in der Reichhaltigkeit, die uns im Wahrnehmungsgehalt gegeben ist. Das Erfassen in der ganzen Reichhaltigkeit und Mannigfaltigkeit, das Erfassen der Idee und der Erscheinungsform kann in der ästhetischen Einstellung nicht voneinander getrennt werden. Die praktische Einstellung ist wieder anders als die ästhetische; z. B. der Gedankengehalt eines Satzes bleibt der gleiche, er kann elegant oder weniger elegant ausgesprochen werden; ein wissenschaftliches Buch kann schlecht geschrieben werden; es kann, wenn auch mit viel Mühe, sein Erkenntniswert herausgelesen werden. Aus einer schlechten Dichtung aber ist kein Gehalt herauszuschälen, weil die unmittelbare Einstellung nicht vorhanden ist. Man hat früher vielfach das Moment der Anschaulichkeit für ästhetische Gehalte verantwortlich gemacht; mit Recht, wenn „anschaulich" nicht heißt, daß Empfindungs- und Vorstellungsmomente Gegenstand des ästhetischen Genusses sein können. Sondern der ganze Wahrnehmungsgehalt mit seiner inneren Bedeutung, Eigenbedeutung muß konkret vor uns liegen, der Gedanke in seiner Einkleidung, die Idee in ihrer Tonformung.

Das musikalische Genießen beschränkt sich also weder auf den konkreten Inhalt der vernommenen Töne, noch führt es umgekehrt, wie das theoretische Denken und das praktische Verhalten, über seine Wahrnehmungsgrundlage hinaus, sondern es führt in die Wahrnehmung hinein; es hat die Wahrnehmungen in ihrer Eigenbedeutsamkeit zum unmittelbaren Betrachtungsgegenstand. Das ästhetische Erfassen der Wahrnehmung — so könnten wir sagen — ist weder kausal gerichtet, wie das theoretische Verarbeiten der Wahrnehmungen, noch teleologisch, wie deren praktische Beherrschung im Handeln, sondern es ist *animistisch* gerichtet. Es beseelt und belebt den Wahrnehmungsstoff der Erscheinung auf Grund innerer Beziehungen, die zwischen Naturgeschehen und seelischem Geschehen bestehen, und die aufzudecken eine Hauptaufgabe der Ästhetik bilden muß.

Die Tatsache des Genießens setzt im *Genießenden* eine Reihe von Faktoren voraus. Wir sprechen von einer *ästhetischen Empfänglichkeit* und können Typen derselben feststellen. Der eine ist empfänglicher für die Formseite, der andere für die Ausdrucksseite des Kunstwerks. Das ist aber eine psychologische Angelegenheit, die in der Musikästhetik nur peripher wäre.

Eine zweite Frage geht dahin: Welche Faktoren im *Kunstwerk* sind es, die das eigentliche musikalische Genießen bedingen?

Die Erscheinung der uns umgebenden Natur bietet uns in ihrer reichen Mannigfaltigkeit vielfache Gelegenheit zu solchem beseelenden Genuß, trotzdem es nicht der erste Zweck der Natur ist, von uns genossen zu werden. Das Kunstwerk jeder Art hingegen ist in erster Linie um des Genusses willen geschaffen. Es mag nebenbei freilich noch eine Reihe über den ästhetischen Genuß hinausgehender Zwecke verfolgen: Fast jedes Bauwerk dient praktischen Zwecken, die religiöse Kunst will erbauen, die dekorative schmükken, die Reklamekunst anlocken zu außerkünstlerischen Zwecken; das eine Kunstwerk kann uns ethisch erheben, das andere – wie die Fabel – belehren wollen. Doch alle diese Nebenwirkungen werden im echten Kunstwerk nur in und durch die Hauptwirkung des ästhetischen Genusses am Kunstwerk verfolgt.

Auch die Kombination von Tönen, die wir ein musikalisches Kunstwerk nennen, ist also in erster Linie im Hinblick auf den musikalischen Genuß geschaffen; der Künstler mag diesen Endzweck seines Schaffens mehr oder weniger deutlich an sich selbst erleben — es gibt hierin verschiedene typische Stellungnahmen des Künstlers zum eigenen Werk. Aber kein schaffender Künstler kann im Ernst bestreiten, daß er der erste ist, der sein Werk schaffend, ja schon in der Phantasie genießt, und daß er den Zweck seines Schaffens nicht voll erfüllt sieht, wenn seine Symphonie oder sein Liederband in der Schreibtischschublade ein Scheinleben führen. Es steckt vielmehr in jenem natürlichen Drang nach möglichster Verbreiterung der Wirkung des eigenen Werkes ein wichtiges soziales Moment: Jedes Kunstwerk ist nicht nur Selbstoffenbarung, sondern zugleich Mitteilung ästhetischer — und anderer — Ideen durch das Medium des ästhetischen Genusses. Der Hörer aber erfaßt im Genuß des Tonwerks dessen ästhetischen Ideengehalt nicht diskursiv, durch Begriffe, sondern intuitiv, in einer gefühlsmäßig vermittelten Anschauung. Es gibt kein künstlerisches Erlebnis, das nicht dadurch, daß es uns zum Genusse wird, in der Sphäre des Gefühls letzten Endes verankert wäre.

Wenn aber das musikalische Kunstwerk im Hinblick auf musikalischen Genuß geschaffen ist, so folgt daraus, daß in seiner Schöpfung, seinem Aufbau aus Tönen Momente enthalten sein müssen, die das Phänomen des ästhetischen Genusses hervorzurufen im=

stande sind, durch deren Verwendung das Kunstwerk objektiv vom Hörer ein solches genießendes Verhalten fordert. Das Auftreten unserer ästhetischen Einstellung auf das Tonwerk mit all ihren eben charakterisierten Eigenschaften wird durch jene ästhetisch wirksamen Momente im Kunstwerk bedingt, gefördert und erhalten.

Greifen wir nur das eine Moment der *Isolation* heraus: Im Naturgenuß isolieren wir selbst die uns umgebende Natur für einen Augenblick des Genießens aus dem sonstigen praktischen Zusammenhang, in dem sie für uns steht. Wir rasten auf einer Bergwanderung, um die Aussicht zu genießen; wir lenken bei schwerem Ungewitter vielleicht die Aufmerksamkeit von Gefahrgedanken weg auf das prächtige Naturschauspiel, das uns Blitz und Donner bieten. Das Bildwerk hingegen ist durch seinen Rahmen, die figürliche Darstellung durch ihren Sockel schon aus der Beziehung zur Umwelt herausgehoben. Das Tonwerk, und sei es auch die kleinste Melodie, erhält, abgesehen davon, daß es in einem dem Alltag an sich ziemlich fremden Material, in Tönen einer künstlichen Leiter vor uns ersteht, seine ausdrückliche Rahmung dadurch, daß es durch Anfangs- und Schlußwirkung begrenzt erscheint. Diese Wirkungen sind ein Kunstmittel, die ästhetische Isolation im Hörer zu erreichen.

Auch die *Konzentration* des Interesses auf das Tonwerk wird durch Momente, die in diesem liegen, bedingt. Der sinnliche Reiz, der Wohllaut, der Farben=

reichtum des Klangbildes vermögen uns an den Gegenstand zu fesseln; wir suchen aber weiterhin nicht nur schöne, wohlgefällige, sondern vor allem auch neue Klänge, neue Rhythmen, Harmonien, melodische Wendungen, kurz neue, originale musikalische Einfälle. Kaum eine Kunst verbraucht in kurzer Zeit so viele Formen, Einzelwendungen wie die Musik. Die schönsten Formen veralten nur zu schnell; ein Mozart-Schluß, eine Bachsche Kadenz würden uns in einer neuen Komposition als deplaciert, langweilig, unoriginal den ästhetischen Genuß verderben, unser Interesse nicht fesseln. Der formale Aufbau des Kunstwerks, vor allem des komplizierteren, verlangt weiterhin vom Hörer hohe Konzentration, beträchtliche geistige Arbeit, und manchem Hörer – ich nenne Hanslick – scheint die Leistung dieser nachschaffenden Arbeit schon den ganzen ästhetischen Genuß am Tonwerk auszumachen.

Doch alle Wohlgefälligkeit der Form, alle Symmetrie und selbst Originalität des Aufbaues vermögen uns auf die Dauer nicht zu fesseln, wenn es sich nicht zugleich um seelisch bedeutsame, sinnvolle Formen handelt. Eine Fuge von Buxtehude mag noch interessantere Formprobleme lösen als manche Fuge des Wohltemperierten Klaviers von Bach, eine Sonate von Czerny noch größere Dimensionen meistern als eine Sonate von Beethoven, so sind beide Formen doch nach ihrer inneren Bedeutung nicht zu vergleichen. Die einen bleiben Oberfläche, leere Schale, die anderen reichen in die Tiefen seelischen Lebens. In jeder Formung muß ein Sinngehalt stecken. Wo diese Form nicht als organische entwickelt ist, da ist das Formgenießen auf einer zu niederen Stufe, um uns voll zu beschäftigen. So sehen wir das Erfassen als ein Erfassen der Sinnhaftigkeit, die letzten Endes immer darauf abzielt, durch das Medium der Gefühlswirkung eine Inhaltsvermittlung zu geben. Ausdrucksgehalt ist letztes und vielleicht höchstes ästhetisches Interesse am Tonwerk.

Das Erfassen der *Eigenbedeutsamkeit* in der Musik geht durch das Medium der *Gefühlswirkung*, und zwar viel ausschließlicher als in jeder anderen Kunst, weil die Töne an sich im praktischen Leben überhaupt keine Bedeutung haben. Diese Gefühlswirkung der Töne bedingt es, daß wir im Moment des seelischen Genießens mit Inhalten eigener Art erfüllt werden; mit Inhalten, bei deren Betrachtung wir erkennen, daß sie aus dem Tonwerk stammen. Wir werden aber sehen, daß jene Stimmungs- und Gefühlsgehalte rein psychisch in einer anderen Weise gegeben sind als die Stimmungs- und Gefühlsgehalte, die wir im praktischen Leben vor uns haben. Sie sind an sich schwächer als die im praktischen Leben sich ergebenden; sie haben ferner jene eigentümliche Ferne, jene Distanz von unserem Alltags-Gefühlserleben; wiederum ist es die eigentümliche Wirkungsweise der Töne auf den Hörer selbst, die zu dieser Ferne-Haltung veranlaßt. Indem wir jene Gefühle nicht auf unser eigenes Ich beziehen trotz allen Versenkens, steht eine andere Emanation vor uns, als Emanation irgend eines anderen Seelischen. Derjenige, der uns diese Emanation verschafft, ist letzten Endes der schaffende Künstler, der das Tonwerk erzeugt.

Erfassen wir die Persönlichkeit des schaffenden Künstlers als die Ursache jener Gefühlsgehalte, die wir im Tonwerk erleben? Nein! Niemals können wir die Persönlichkeit des Künstlers als das verursachende Moment der Gefühlswerte betrachten; vielmehr, wenn uns z. B. ein „echter" Beethoven gegenübertritt, oder wenn wir einer ganz schlichten Melodie „Schubert" entnehmen, so entnehmen wir dem Tonkomplex wohl die Persönlichkeit des Künstlers, aber nicht die reale, sondern einen seelischen Komplex, der als Zeichen auf den Künstler hinweist, auf eine so und so fühlende Persönlichkeit. Diese *Erlebnis-Persönlichkeit*, das Wesen der Persönlichkeit ist es, das wir im Genießen des Kunstwerks erfassen können. Das Erfassen letzter persönlicher Bestimmtheiten ist Erfassen so und so organisierter persönlicher Individuen. Der reale schaffende Künstler steht im Kunstwerk überhaupt nicht zur Diskussion. Jede kausale Beziehung vom Künstler zum Kunstwerk ist ausgeschlossen, lediglich die symbolische Beziehung offenbart sich uns.

An der Erfassung der letzten Persönlichkeits-Gehalte sehen wir in vollendeter Form, daß das Genießen von der Oberfläche in eine Wesenstiefe hineinführt, und daß in der Erscheinung als solcher eigentümliche seelische Gehalte zur Erfassung kommen, — Gehalte, deren Wert oder Unwert bestimmend werden für das Erfassen eines Kunstwerks.

Erst nach dieser allgemeinen Betrachtung können wir an die einzelnen Fragestellungen einer ausgeführten Ästhetik herantreten. Wir müssen auf der Eindrucksseite uns fragen: Worauf beruht die Fähigkeit von Tonkomplexen usw., ästhetisches Gefallen zu erwecken? Und wir müssen das ästhetische Gefallen an den Elementen des musikalischen Erlebnisses uns klarlegen. Wir fragen ferner: Worin beruht die Fähigkeit einfachster musikalischer Elemente, in uns Stimmungen zu erzeugen? Diese Fähigkeit ist die Grundlage für die Ausdrucksfähigkeit eines Tonwerkes. – Ebenso müssen wir uns bei der Form fragen: Was ist das Moment des ästhetischen Gefallens? Und wir kommen dabei auf eine Reihe von Momenten des formalen Genusses. Ferner fragen wir uns: Worin beruht der Sinn der einzelnen musikalischen Formen? Welcher Sinngehalt muß im Laufe der Geschichte unmittelbar erfaßt und wiedergegeben sein, damit uns diese Form als erfüllt erscheint und nicht als leeres Schema? Ähnlich fragen wir uns bezüglich der Ausdrucksfähigkeit: Worauf beruht die Möglichkeit des musikalischen Ausdrucks als solchem? Und in welchen Prozessen wird der Ausdruck des einzelnen musikalischen Elements und des ganzen Tonwerks zu einem Moment unseres seelischen Erlebnisses? Hier kommen wir öfters dazu, Grenzgebiete von Psychologie und Ästhetik herauszuheben und die Frage von den Gegebenheiten, die wir oben beim geschichtlichen Überblick gekennzeichnet haben, zu berücksichtigen.

4. KAPITEL

Musik als Eindruck

Musik als rein sinnlicher Eindruck bereitet uns in doppelter Weise Genuß. Einmal ist der einzelne Ton oder der Komplex von Tönen selbst unmittelbarer Gegenstand des Gefallens oder Mißfallens, oder die Reize erwecken im Hörer Stimmungen, deren Erleben Genuß bereiten kann. So umschließt das Thema „Musik als Eindruck" zwei Grundfragen:

1. Wie erzeugen elementare und komplexe musikalische Eindrücke im Hörer rein *sinnliches Wohlgefallen* bzw. *Mißfallen*, ohne Hinzutreten höherer geistiger Prozesse?

2. Wie erwecken elementare und komplexe musikalische Eindrücke im Hörer *inhaltliche Stimmungen*, z. B. die Stimmung der Trauer, Freude usw.?

Die erste der aufgeworfenen Fragen bildet das Hauptthema der elementaren Musikästhetik. Ob der einzelne Ton bzw. Klang schon als Element des ästhetischen Gefallens anzusehen sei oder nicht, war in der neueren Musikästhetik noch strittig. Kant hatte sich nicht zu entscheiden gewußt, ob er dem einzelnen Ton das Prädikat der Schönheit zuerkennen sollte, oder ob Schönheit und Nichtschönheit nur subjektiv wirksam sei. Herder hat dementgegen schon die ästhetische Bedeutsamkeit des Einzeltones besonders hervorgehoben. „Anders klingt die gespannte Saite, anders die Tuba usw.", ruft er mit Wärme uns in Erinnerung. Freilich hat er, wie immer bei seiner Argumentation, schon nicht die reine, sondern die ausdruckgebende Schönheit im Auge. Damit deutet er auf ein Moment hin, das gerade die rationalistische Ästhetik im Sinne Kants übersehen hat, daß nämlich der Klangkörper als Ganzes in seiner Eigentümlichkeit einen ästhetischen Gegenstand darstellt, von dem ästhetische Wirkungen ausgehen können. Doch auch ohne Rücksicht auf jenes später zu besprechende Moment können wir uns jederzeit die Frage vorlegen, ob der Ton der Tuba oder der gespannten Saite, des Klaviers oder der Stimmgabel in uns stärkeres Gefallen erregt. Herder deutet in seinen Beispielen feinsinnig darauf hin, daß das ästhetisch wirksame Moment am einzelnen Ton der unmittelbare sinnliche Gesamteindruck ist, ein Eindruck, den wir als die *Klangfarbe* des Tons bezeichnen.

Stellen wir uns für einen Augenblick auf den Standpunkt des naiven Musikers. Wird er ernstlich daran zweifeln, daß schon der Einzelton Gegenstand nicht nur einer bloß subjektiven Annehmlichkeit oder Unannehmlichkeit, sondern eines ästhetischen Gefallens bzw. Mißfallens werden kann? Die musikalische Praxis beweist ihm dies zu jeder Stunde. Wir taxieren ein musikalisches Instrument nach der Klangschönheit jedes seiner Töne, die wir zusammenfassend als seine Tongebung bezeichnen, sagen etwa von einer Geige, sie sei in der Mittellage schön, im unteren Register zu flach; wir tadeln an einer menschlichen

Stimme die Unausgeglichenheit der einzelnen Register, — was doch nichts anderes besagt, als daß eine bestimmte Gruppe von Tönen der Stimme unseren Ansprüchen an Reinheit, Fülle und Ebenmäßigkeit jedes Tons noch nicht genügt. Jedes Instrument hat von Natur, durch die Verhältnisse seines Baues bedingt, gewisse „schwache", „schlecht-klingende" Register, deren Benutzung der gewiegte Instrumentator völlig vermeiden oder höchstens zur Erzielung bestimmter Klangeffekte verwenden wird. Die klang- und ausdruckslose Tieflage der Flöte, gewisse schwer zu erzeugende Stopftöne des Horns, die kritische Quarte der Oboe mögen als Beispiel dienen. Die technische Beherrschung des Instruments zielt umgekehrt darauf ab, jedem Ton die volle ästhetische Wirkung zu sichern.

Aus solchen alltäglichen Beispielen wird für den Musiker evident, daß die ästhetische Wirkung jedes Einzeltons eine conditio sine qua non der ästhetischen Wirkung von Tonkomplexen darstellt; und es erscheint kaum begreiflich, daß die Frage, ob ein Einzelklang ästhetisch wirksam sei, überhaupt im Ernst gestellt werden konnte. Alle angezogenen Fälle lehren aber auch zugleich, daß der ästhetische Einfluß des Einzeltons von einem gewissen Standpunkt des Hörers abhängig ist, daß dieser im allgemeinen im Rahmen der Möglichkeiten des Instruments von jedem Ton ein Maximum an Fülle, Sattheit, Klarheit verlangt. Hierin liegt nun die engere Frage eingeschlossen, warum wir an das tönende Objekt, und damit an den Spieler, eine solche Forderung stellen dürfen, — worin also das Wesen des sinnlichen Wohlgefallens an Tönen letzten Endes zu suchen ist.

Ästhetisch wirksam ist — wie wir schon hervorgehoben — der Einzelton als Empfindungs-Ganzes, der *Klangkörper.* Wir legen jedoch bekanntlich dem Ton in der Analyse eine Reihe von Eigenschaften bei, vor allem eine bestimmte Höhe (absolute Höhe) und Stärke, eine Qualität (ob c oder d usw.), eine Klangfarbe, in welch letzterer wir wiederum Volumen und Helligkeit als hauptsächlichste Charaktere unterscheiden. Von den genannten Eigenschaften, in denen wir den Ton erfassen, ist die Stärke oder Intensität die allgemeinste; Höhe und Qualität bestimmen die Stellung des Tons im idealen Tonsystem, während die Klangfarbe-Eigenschaften des Volumens und der Helligkeit den Ton in seiner Individualität, seiner momentanen Empfindungs-Gegebenheit unmittelbar treffen. Am ästhetischen Eindruck des Klangkörpers haben die elementaren Eigenschaften des Tons in ganz verschiedenem Maße Anteil. So sind die beiden systembedingenden Eigenschaften der *Höhe* und der *Tonqualität* ästhetisch nahezu indifferent. Um dies einzusehen, brauchen wir uns nur die Fragen zu stellen: ist der Ton c schöner als g? Sind die Töne der zweigestrichenen Oktave schöner als die der kleinen? Sind die c-Töne der verschiedenen Oktavenregionen schöner als die e-Töne? Derartige Fragestellungen sind offenbar ganz sinnlos, ein Vorzugsurteil in Bezug auf Höhe oder Qualität von Tönen ist unmöglich.

In viel größerem Umfang ist die Eigenschaft der *Intensität* von Einfluß auf die ästhetische Wirkung des Einzeltons, weil sie die Lebhaftigkeit und Eindringlichkeit des Eindrucks ganz wesentlich mitbedingt. Tonreize brauchen schon eine gewisse Stärke und Dauer, um überhaupt ästhetisch wirksam zu werden. Man kann dieses für das Auftreten ästhetischer Eindrücke notwendige Minimum von Lebhaftigkeit und Eindringlichkeit mit Fechner die *ästhetische Schwelle* nennen und den Satz formulieren: Die elementar-ästhetischen Eindrücke einfacher Tonreize liegen oberhalb eines gewissen Quellenwertes, der ästhetischen Schwelle. Diesen Wert im einzelnen experimentell bestimmen zu wollen, wie schon versucht wurde (etwa mit der Fragestellung, wie stark muß ein Ton sein, damit der Hörer ihn schön findet usw.), ist jedoch eine nutzlose und für die Erkenntnis ästhetischer Zusammenhänge irrelevante Aufgabe. Das objektive Moment der Tonintensität geht vielmehr, soweit es ästhetisch wirksam wird, ganz in die ästhetischen Kategorien der Lebhaftigkeit und Eindringlichkeit des sinnlichen Eindrucks ein, und bildet eine Komplexeigenschaft des Klangkörpers. Hier aber spielt sie eine bedeutsame Rolle. Kindern und primitiven Völkern behagt bekanntlich der Lärm an sich; sie fällen ihre klangästhetischen Urteile nach dem Grundsatz: Je lauter, desto schöner. Blechmusik und Schlagzeug fungieren beim musikalisch Primitiven an der Spitze der musikalischen Genüsse, hier gilt die absolute Lebendigkeit. Der kultivierte Hörer hingegen sieht auf den Genuß an feineren und feinsten Stärkeschattierungen, auf relative Differenzierungen. Das vokale Kammerquartett der Spätrenaissance, der „musica reservata", das Streichquartett des sterbenden Rokoko und musikalischen Klassizismus gelten uns als die typischen Schöpfungen einer raffinierten musikalischen Kultur. Beide Klangtypen gewähren bei sehr geringer absoluter Stärke der dynamischen Schattierung den denkbar breitesten Spielraum.

Wenn somit auch die Tonstärke nur indirekt, nur in ihrer Beziehung zur Klangfarbe und zur Lebhaftigkeit des Eindrucks ästhetisch für den Genuß am Einzelton bedeutsam wird, so können die direkten Gründe für das sinnliche Wohlgefallen oder Mißfallen am Einzelton nur in den unmittelbaren *Klangfarbe-Eigenschaften* liegen. Wir brauchen in der Tat nur den Klang zweier Stimmgabeln oder einen Stimmgabelton und einen Klavierton miteinander auf ihre Wohlgefälligkeit vergleichen, um uns zu überzeugen, daß wir uns in der Begründung unseres Urteils durchaus auf die Angabe von Klangfarbeeigenschaften beschränken. Worauf beruht die Annehmlichkeit des einen und des anderen Tons? Alle Ausdrücke, die wir zur Charakterisierung der beiden Klänge gebrauchen, führen auf zwei große Rubriken zurück, die wir als Hauptmomente der Klangfarbe erkannten, auf *Volumen* und *Helligkeit*. Wenn wir Töne als voll, voluminös, breit, oder im Gegenteil als leer, dünn, mager bezeichnen, wenn uns Töne besonders der obersten Regionen als spitz, scharf, stechend, schrill, solche der tieferen mehr als stumpf, weich, zerfließend, dumpf usw. erscheinen, so legen wir ihnen eigentümliche räumliche und taktile Bestimmtheiten bei. Wir fassen diese Termini als das Volumen eines Tones zusammen, bald mehr die räumliche Erfülltheit des Tones, bald mehr die Tasteigenschaft, das „Sich-Anfühlen" eines solchen Klangkörpers betonend. In ähnlich übertragenem Sinn holen wir aus dem Gebiete des Gesichtssinnes Bezeichnungen wie hell, dunkel, trübe, klar, durchsichtig, düster, grell usw. herbei, um gewisse Eigentümlichkeiten der Klangfarbe zu charakterisieren. Auch für die hiermit getroffenen Eindrücke bietet der Terminus Helligkeit einen zusammenfassenden Namen.

Das Merkwürdige und Überraschende ist nun, daß wir zur ästhetischen Charakterisierung der Klangfarbe in der Hauptsache zwei Eindrucksgruppen heranziehen, die jedenfalls in ihrer ursprünglichen Bedeutung anderen Sinnesgebieten, dem Tastsinn (und „Raumsinn") und dem Gesichtssinn angehören. Während wir in den eigentlich akustischen Eigenschaften der Höhe, der Stärke und der musikalischen Qualität den Ton als musikalischen Gegenstand objektiv bestimmen, erfassen wir ihn in den übertragenen Sinnes-Charakteren von Volumen und Helligkeit in seiner subjektiven Wirkung auf unser Ohr und Gemüt. Die hierher gehörigen Charaktere sind in ganz anderem Maße ästhetisch positiv oder negativ als die „objektiven" der Höhe, Qualität, Stärke und Dauer. Ganz analog verhält es sich beim elementar-ästhetischen Eindruck von Farben. Der Farbton, die Sättigung, auch die Helligkeit sind Eigenschaften, in denen wir die Farbe objektiv bestimmen; ihnen kommt keine unmittelbar ästhetische Bedeutung zu. Fragen wir aber, warum uns ein Rot besser gefällt als ein Grün, ein gesättigtes Violett im allgemeinen besser als ein sehr weißhaltiges, so nennen wir neben dem Reinheitsstandpunkt Eigenschaften, die der Farbe wiederum nur uneigentlich zukommen: die Wärme oder Kälte der Farbe, die Tiefe; wir sprechen von ruhigen und unruhigen, schreienden, stumpfen Farbtönen und dergleichen.

Derartige Charakterisierungen der Farben, Töne, Farbenzusammenstellungen, Tonharmonien usw. sind weit davon entfernt, nur als begriffliche Analogien gelten zu wollen. Vielmehr sind die Reize verschiedener Sinnesgebiete offenbar gerade in ihrer sinnlichen Wirkung einander viel ähnlicher als in ihren objektiven Eigenschaften. Im warmen Ton und in der warmen Farbe tritt ein Eindruck hervor, der als objektive Eigenschaft am deutlichsten beim Temperatursinn erlebt wird; ein heller Ton und eine helle Farbe haben etwas gemeinsam, was offenbar für keines der beiden Sinnesgebiete charakteristischer ist als für das andere. Selbst beim Schmerzsinn sprechen wir von hellen und dumpfen Schmerzen.

Diese übertragenen Eigenschaften aus disparaten Sinnesgebieten, denen kein Unmittelbares objektiv entspricht, nennen wir *Charaktere* und definieren dieselben als Wirkungseigenschaften der einzelnen Sinne.

Diese Sinnescharaktere des Volumens, der Helligkeit, der Temperatur sind in ganz anderem Maße ästhetisch positiv oder negativ als die objektiven Eigenschaften der Höhe, Qualität, Stärke und auch der Dauer. Vor allem die *Volumencharaktere* sind nach dieser Hinsicht eindeutig bestimmt. Diejenigen Volumencharaktere, in denen die Körperlichkeit des Klangeindruckes zur vollen Ausprägung kommt, die Fülle, Sattheit, Voluminosität, Rundung, Weichheit eines Klanges erregen immer unser sinnliches Wohlgefallen; die gegenteiligen Eindrücke des Flachen, des Spitzen, Scharfen, Stechenden, Stumpfen, des Hohlen und Dumpfen an sich erregen immer unser Mißfallen. Das hohle, dumpfe Tiefregister der Klarinette, die schwachen, kraftlosen Höchsttöne der Oboe, die durchdringenden Hochregister der Trompeten sind keine ästhetisch wertvollen Klanggebungen, sie sind nicht „schön". – Nicht ganz so eindeutig sind die *Helligkeits*=Charaktere ästhetisch festzulegen. Wir können nicht sagen, hellere Töne sind unter allen Umständen ästhetisch wertvoller. Diese bekommen eine ästhetische Werthaltigkeit eigentümlicherweise immer nur in Verbindung mit entsprechenden Volumen=Eigenschaften; z. B. „glänzende" Trompetentöne, wenn sie flach sind; umgekehrt, Trompetentöne mit großem Volumen sind Repräsentanten des Feierlichen. Ähnlich ist die eigentümlich dunkle Wirkung der weichen Register der Orgel, die bis in die objektiv hohen Lagen der Orgel eine dunkle Klangfarbe zeigen und ästhetisch vielleicht besonders hochwertige Klangre=

gister darstellen. – Auch jene scheinbar sehr schwer zu fassenden Temperatur=Eigenschaften von Tönen werden nur im Gesamtklang als solche zu ästhetisch genau fixierbaren Werten.

Beispiele in der Literatur können wir für solche Klänge dann verfolgen, wenn sich mit einiger Wahr=scheinlichkeit nachweisen läßt, daß die betreffenden Charaktere Ausdruck einer entsprechenden sinnlichen Qualität sein sollen. Bei Helligkeit sind es der Bei=spiele übergenug. Eines der interessantesten Beispiele finden wir beim Erwachen Brünhildens. Bemerkens=werterweise sind die Mittel bei Wagner immer die=selben: sehr hohe Töne, Tremolo speziell der Geigen, in mehrfacher Verteilung und sehr hoher Lage, dazu Blasinstrumente, namentlich Pianissimo=Wirkungen der Trompeten; Steigerung des Glanzes durch Unter=brechung der Crescendi und Harmonien mit chromati=schen Fortschreitungen und Rückungen. Bezeichnend ist eine Stelle in der Aida von Verdi: Aida sehnt sich in die Heimat zurück; welche Harmonien! Sie sehnt sich zurück in die warme Heimat. Ein Beispiel ohne Text mit diesen Quintsext=Akkorden liefert uns im Tristan der Anfang des zweiten Aktes, wo die Vio=linen wieder geteilt sind. Als anders Geartetes haben wir in Beethovens Fidelio die Kerkerszene. Das In=teressante an all diesen Beispielen ist, daß die Ak=korde und Akkordverbindungen durchaus ein und derselben Gruppe angehören und nur in den instru=mentalen Partien durch Klanggebung (Tremolo, ge=dämpfte Hörner usw.) die in den Harmonien schon angelegte Wirkung verstärkt wird. Jedenfalls können wir nicht im Zweifel sein, daß derartige Wirkungen von Temperatur- und Licht-Eindrücken zu einem ehernen Bestand der musikalischen Charakterbilder gehören; diese sinnlichen Eindrücke bilden das Fundament für psychische Wirkungen.

Die Frage nach der Wohlgefälligkeit der musikalischen Elemente gewinnt an Bedeutung wie an Lebendigkeit, wenn wir von Einzeltönen in der Betrachtung zu *gleichzeitigen* und *aufeinander folgenden Klängen*, zu *elementaren Rhythmen* übergehen. Erst hierbei mag uns klar werden, was die sinnlichen Eigenschaften der Elemente für den Gesamteindruck des musikalischen Ganzen zu leisten vermögen.

Vergegenwärtigen wir uns etwa den C-Dur-Dreiklang in mittlerer Lage. Wir können kaum bestreiten, daß der Klang, gegenüber einem Einzelton gehalten, einen ganz beträchtlich wohlgefälligen Eindruck hinterläßt. Wir genießen die größere Fülle der drei Töne, aber nicht allein diese, sondern das Ineinandergehen, Zusammenpassen derselben zu einem abgeschlossenen Ganzen, – ein Moment, das schon über die rein sinnliche Wirkung hinausgeht, indem an dem Komplex eine Gestalt mehr oder weniger deutlich miterfaßt wird. – Transponieren wir nun den Dreiklang in alle möglichen Oktavlagen unseres Instruments, so bleibt sich die Wohlgefälligkeit des Eindrucks ohne Zweifel nicht gleich. In den obersten Lagen klingt der Akkord etwas dünn und unausgefüllt, in den untersten rauh und brummend infolge der deutlich merkbar werdenden Schwebungen. Bei gleicher Gestalt und Konsonanz klingt also der Dreiklang — wie wir sagen — in gewissen Lagen gut, in anderen schlechter. Ja, wir können weiter gehen und behaupten, daß der Dreiklang in der sogenannten weiten Lage überhaupt besser klingt als in der ursprünglichen, trotzdem die Konsonanz der Dezime sicher geringer ist als die der kleinen Terz.

Auch von dissonanten Akkordbildungen wissen wir, daß sie — ganz ohne Rücksicht auf ihren Ausdruckswert — in gewissen Lagen oder von bestimmten Instrumenten gespielt, nicht nur erträglich, sondern ganz ausgezeichnet „klingen". Der harte Septimklang c-e-g-h verliert auf dem Klavier in der Form C-e"-g"-h" fast jegliche Schärfe, — um nur ein Beispiel anzuführen. Die berühmt gewordenen Akkorde der silbernen Rose aus dem „Rosenkavalier" von Richard Strauß wirken, trotzdem sie eine wahre Flut von Dissonanzen aufhäufen, bestrickend schön und einschmeichelnd.

Das Problem, das uns in diesen wenigen Beispielen entgegentritt, lautet — auf seine einfachste Form gebracht: Hängen *sinnlicher Wohlklang* von Mehrklängen und die Erscheinungen von *Konsonanz* und Dissonanz miteinander zusammen und in welcher Weise? Denn daß sie niemals zusammenfallen, daß Wohlklang und Konsonanz, Mißklang und Dissonanz nicht identisch sein können, lehrte uns eben eine einfache Überlegung.

Wir können den Wohlklang eines komplexen

Klanggebildes so wenig wie denjenigen des Einzelklangs vom Klangkörper in seiner individuellen Gegebenheit abtrennen. Ein Akkord, der auf dem Klavier schön, ja faszinierend klingt, ist vielleicht in vokaler Zusammensetzung abscheulich, oder verliert, einem Bläserchor übergeben, jegliche Annehmlichkeit. Die wundersamen Harmoniegebilde der großen Vokalmeister der Renaissance, z. B. die berühmt gewordenen palestrinischen Terzen- und Sextenharmonien, bleiben auf dem Klavier und selbst auf der Orgel vielfach ganz wirkungslos, weil sie die besonderen Eigentümlichkeiten des Zusammenklangs verschiedener Stimmregister voraussetzen. Erst wenn wir jene Klanggebilde als vokale auffassen, sie vokal hören, erschließen sie uns ihre überraschende sinnliche Schönheit.

Die experimentelle Ästhetik hat die aufgeworfene Frage rein empirisch zu lösen versucht, indem die gebräuchlichen musikalischen Intervalle gleichzeitig auf den Eindruck der Konsonanz und den der Wohlgefälligkeit miteinander verglichen werden sollten. Das gleichlautende Ergebnis verschiedener Arbeiten ist, daß selbst in solch theoretischer Abstraktion Konsonanzgrad und Wohlgefälligkeitsgrad vom Hörer mit Leichtigkeit unterschieden werden. Die reine Quint – um das charakteristischste Beispiel hervorzuheben – wird der großen Terz bezüglich der Konsonanz immer vorangestellt, trotzdem wird der Klang der letzteren dem „leeren" Quintklang stets vorgezogen. Wenigstens gilt diese Bevorzugung für die akustisch reine Groß=

terz und für Hörer unseres Kulturkreises. Und eben diese Einschränkung wird für unser Problem bedeutsam. Die Eigenschaft der Konsonanz ist nämlich von Instrument und Hörer wie vom Wechsel der musikalischen Einstellung völlig unabhängig. Die Oktav wird die Konsonanz *Κατ' ἐξοχήν* bleiben, solange es Töne gibt, und ihr wird die Quint und dann die Terz folgen, während sich die übrigen Intervalle teilweise in gleichen Konsonanzgraden an sie anschließen. Das Maximum der Wohlgefälligkeit aber wandert mit den Jahrhunderten in einer fast gesetzmäßigen Weise, es ist von Oktav und Quint in den Zeiten des Organums zur Großterz vorgeschritten; und wir können a priori nicht wissen, ob nicht spätere Generationen die Septime oder ein anderes Intervall zur Grundlage einer neuen Harmonik stempeln. – Greifen wir das vorige Beispiel des harten Septimklanges wieder auf: In weiter Lage verliert er fast völlig seine Schärfe und wirkt etwas wohlgefällig. In diesem Moment liegt eine wesentliche Eigentümlichkeit: Gelingt es uns durch ein Mittel, den Sinn der Konsonanz und Dissonanz zu lockern, so gehorchen sie anderen Gesetzen der Wohlgefälligkeit, als dies unter strenger Erfassung der Klangverhältnisse möglich wäre. Darauf beruht eigentlich die ganze moderne Dissonanzauffassung.

Die Frage, was nun eigentlich *Konsonanz* sei, wenn sie einen von der Wohlgefälligkeit verschiedenen Inhalt darstellt, wollen wir hier nur vorläufig beantworten. Konsonanz ist kein Gefühl wie das der Wohlgefälligkeit, sondern ein Wahrnehmungsinhalt, eine

Gestalt. Wir definieren sie als das Zusammenstimmen, Zusammengehen zweier gleichzeitiger Töne zu einem Gesamteindruck, zu einer höheren Einheit. Das Bemerken eines solchen Zusammenstimmens kann besonders lustvoll sein, muß es jedoch nicht immer, und es mag im Gegenteil zuweilen das Erleben einer gewissen größeren Selbständigkeit der einzelnen Töne und damit das Erleben reicherer Mannigfaltigkeit des Eindrucks die Terz bevorteilen gegenüber der erlebnisleeren Quint und der als identisch erfaßten Oktave.

Sehen wir nun genauer zu, so ist schon die Frage des Experiments, ob bestimmte Intervalle wohlgefälliger seien als andere, Produkt einer Abstraktion, da sie von dem Gegebensein des Intervalls in einem bestimmten, konkreten Klangkörper absieht. Eigentlich sinnliche Eindrücke und darauf ruhende Lust- oder Unlustgefühle knüpfen sich jedoch nur an das ganz konkrete Klangerlebnis. In der Tat! Setzen wir an Stelle solch objektiver Instrumentklänge wie derjenigen des Klaviers etwa Hornklänge, so steht die Überlegenheit der Großterz über andere Intervalle schon in Frage. Dem voluminösen Hornklang liegen die weiten Intervalle entschieden besser als die engen.

Was wir im allgemeinen *„Harmonielehre"* nennen, zerfällt in zwei eigentlich scharf voneinander geschiedene Gebiete. Die Harmonielehre ist zunächst Theorie des Akkordaufbaues und der Akkordzusammenhänge in einem tonalen System. Erst in zweiter Linie ist sie „Satzlehre", d. h. eine angewandte Wissenschaft von den Bedingungen des richtigen, d. h. fehlerfreien

Normalsatzes. Als Repräsentant eines solchen Normalsatzes gilt uns der vierstimmige Vokalsatz, oder – noch präziser ausgedrückt – der Satz von vier als selbständig gedachten Stimmen, ohne Rücksicht auf deren konkrete Klangfarbe. Es liegt also in dem Begriff des „normalen" vierstimmigen, dreistimmigen oder mehrstimmigen Satzes eine charakteristische Abstraktion vor. Zum konkreten Klanggebiet dringen wir erst wieder vor, wenn wir von bestimmten Instrumentalsätzen, etwa vom Klavier- oder Orgelsatz, vom vierstimmigen Vokalsatz oder vom Streichquartettsatz, vom Bläsersatz usw. reden.

Es gibt – bekanntlich theoretisch viel besprochene – Regeln der Harmonielehre, die überhaupt nur unter der Voraussetzung eines solchen Normalsatzes einen Sinn und entsprechende Berechtigung haben, so das berühmte Quintenverbot, das Querstandverbot, während andere Regeln, wie das Verbot der Leittonverdopplung, wenigstens zum Teil aus der Logik des Akkordzusammenhangs hervorgehen. Die traditionelle Harmonielehre behandelt diese Sätze fälschlich alle gleich; ist sie konservativ, so werden die Sätze dem Adepten als unumstößliche Heilswahrheit eingeschärft; ist sie modern, so werden die Sätze nur angeführt, um an möglichst viel Literatur zu zeigen, wie sie umgestoßen werden können. In Wirklichkeit handelt es sich jedoch bei solchen Stellen so gut wie niemals um die Durchbrechung des Quintverbots und nicht um selbständige Stimmen. Wie wir im Klaviersatz die Oktaven zur Verstärkung des Klangs – also aus reinen Klangfarbe-Gründen – verdoppeln, so können wir auch die Verdoppelung ganzer Akkorde, die Schattierung einer Baßfigur durch Zufügung ihrer Quinte durchführen. Die Orgelmixtur und das Bordunregister des Dudelsacks stellen ganz ebensolche Klangverstärker dar.

Der reine Vokalsatz kommt jenem Ideal eines logischen Normalsatzes am nächsten. Denn hier sind tatsächlich vier Stimmen, und zwar homogene Stimmen. Wenn wir Vokalsatz und Quartettsatz miteinander vergleichen, so hat das Streichquartett zweierlei Möglichkeiten: Die Stimmen können als Individualitäten behandelt werden, oder die Stimmlichkeit des Satzes kann vermindert und vermehrt werden, die einzelne Stimme kann als Füllstimme behandelt werden. Nur für die individuelle Behandlung der Quartettstimmen gelten die normalen Satzgesetze. Das Problem zerfällt: da sind einmal die abstrakten Forderungen der Satztechnik, die aus den Stimmen, der Stimmzahl usw. hervorgehen; da sind ferner die konkreten Forderungen, die gar nicht losgelöst werden können von den sinnlich-klanglichen Eigenschaften der verwendeten Instrumente. Beispiele der Klaviersätze finden sich besonders bei Beethoven und Schubert u. a., die Auseinanderziehung in ganz tiefe und hohe Lagen mit Auslassung der Mittellage, – alles Bildungen, die einmal entdeckt werden mußten durch einen Meister, ebenso wie die berühmten „Palestrina-Harmonien“ einmal entdeckt werden mußten in dem Vokalsatz mit den vielen übergelagerten Vorhalten, im Palestrina-Stil mit den Sekund=Schiebungen. Auch für moderne Orchestertechnik und die sich daraus entwickelnde Harmonik ist ein Verständnis nur möglich, wenn wir uns die sinnliche Klangwirkung vor Augen halten; z. B. der Anfang der „Salome" (Wie schön ist die Prinzessin Salome) bringt sofort eine Häufung von Quinten und Überlagerung von Querstand=Akkorden C und Cis.

Wie sind derartige Überlagerungen zu rechtfertigen? Es ist etwas anderes, daß musikalisch=logische Beziehungen in den Klangkombinationen objektiv vorhanden sind, und wieder etwas anderes, ob solche Beziehungen wirksam werden. In modernen Harmonielehrbüchern finden wir häufig den Versuch, solche Dinge theoretisch begreiflich zu machen aus gedanklichen Konstruktionen. Wenn wir uns aber die Wirkung zurückrufen, so beruht diese ganz darauf, daß die Überlagerungen durch die Instrumentation aufgelöst werden. Der Hörer läßt die Helligkeit, Farbigkeit usw. auf sich wirken; dadurch sind solche Klang=Überlagerungen einfacher zu erklären, als wenn wir sofort mit harmonisch=intellektuellen Erörterungen bei der Hand sind. In dem Moment, wo wir uns klar werden sollen, wie die Tonalität dieser Teile beschaffen ist, müßte sich eigentlich unser Klang=Urteil verändern; wir müßten gewahr werden, daß hier Mißbildungen nur im Sinne der *harmonischen Auffassung* vorliegen. Wir werden oft sagen: das klingt in der vorliegenden Instrumentation glänzend, glitzernd usw., und das genügt. Da sehen wir, daß es eine *rein sinnliche Erfassung* von Klängen gibt, daß eine rein sinnliche Erfassung oftmals vom Kunstwerk gefordert wird; es sollen die Beziehungen nicht intellektuell herausgelöst werden, sondern der unmittelbare Klangeindruck will auf uns wirken. Es gibt also eine solche Einstellung; und diese spielt gerade in der modernen Instrumentalmusik eine große Rolle. Nehmen wir z. B. Reger und Strauß. Sie sind in dieser Beziehung zwei verschiedene Individualitäten. Bei Reger haben wir durchaus den Eindruck, daß die ästhetische Wirkung kühner harmonischer Kombination erst dann zur Geltung kommt, wenn wir bis zu einem gewissen Grad die Sinnbeziehung jener harmonischen Rückungen verstehen; der rein sinnliche Klang ist vielleicht gar nicht geeignet, einen besonderen Eindruck zu machen, er wirkt erst voll, wenn wir die Beziehung der Rückungen erfassen. Bei Strauß dagegen ist z. B. der Anfang der Salome nicht davon abhängig, ob die harmonische Struktur dieser Stelle voll erkannt wird; das Sinnliche, Leuchtende, Schillernde jener Stelle, der plötzliche Wechsel des glänzenden Cis-Dur und die Fahlheit der nachfolgenden Akkorde bringen Wirkungen hervor, die rein sinnlich verständlich sind. Gewiß ist auch eine Beziehung zu einem harmonischen Grund vorhanden; aber die Frage ist: wird die Wirkung bedeutender durch eine Erfassung der harmonischen Struktur oder nicht. Ein anderes Beispiel ist Wagners Tannhäuser, das Bacchanal. Ein Kriterium für die Richtigkeit einer solchen Klangrückung liegt beim Publikum; es erfaßt die sinnliche Lebhaftigkeit, sie reizt auch den nichtmusikalischen Hörer.

Schritt für Schritt hat sich die moderne Harmonik, die auf der Instrumentationstechnik vorzugsweise ruht und aus deren Vervollkommnung ihre fruchtbarsten Anregungen empfangen hat, von der abstrakten Klangauffassung der theoretischen Harmonie-Anschauung emanzipiert. Nicht nur in der Verbindung der Instrumente, sondern auch in der Verbindung von musikalisch-logisch nicht zusammengehörigen Gebilden gleichzeitiger Klänge in verschiedensten Klanggebungen schafft das moderne Orchester immer neue unerschöpfliche Farbwirkungen. Die theoretische Betrachtung solcher rein „in Farbe gesehener" Klangwunder, wie sie etwa die Musik zur silbernen Rose verkörpern mag, müht sich immer noch damit ab, das, was auf dem Wege logischer Klangbeziehungen nicht begriffen werden will, was nur sinnlich gehört werden will, durch die kompliziertesten theoretischen Konstruktionen begreiflich zu machen.

Das Thema „Musik als Eindruck" umschließt, wie bereits angedeutet, als eines der wichtigsten Probleme das der *Instrumentation.* Die Kunst der Instrumentation können wir ansprechen als die Kunst, musikalischen Ideen das adäquateste und wirkungsvollste sinnliche Klanggewand zu geben. In der musikalischen Verwendung und ästhetischen Kritik des Klangs sind zwei Momente scharf zu scheiden, das Schöne und das Charakteristische. Am Einzelinstrument lernen wir, daß es seine brauchbaren und unbrauchbaren Register hat, daß aus Gründen seines Baus nicht alle Klänge seines Tonumfangs der Schönheitsforderung genügen können. Eben diese rein ästhetisch beeinträchtigten Lagen können jedoch ungemein charakteristisch sein. Die Klangfarben der einzelnen Instrumente mit ihren tausenderlei charakteristischen Schattierungen sind das unerschöpfliche Reservoir, aus dem uns die tiefsten und eindrucksvollsten musikalischen Wirkungen zufließen. Das Grundgesetz der Instrumentation hat Berlioz einmal sehr schlicht in die Worte gefaßt: Erlaubt ist, was gut klingt. Keine Normen und Gesetze vermögen uns darüber Auskunft zu geben, ob eine Stelle einer musikalischen Partitur jener obersten Anforderung gehorcht. Nur Erfahrung in ihrer Einmaligkeit und Klangintuition des Genies vermögen hierüber zu entscheiden. Und nirgendwo im Musikalischen gilt demgemäß so sehr das Wort, daß man nur an Beispielen lernen kann.

Das rein sinnliche Wohlgefallen am Einzelton hängt somit an jenen eben erläuterten Wirkungseigenschaften desselben. Sie umschreiben gewisse psychophysische Vorgänge, Reaktionen auf die Tonreize, die mit der Erfassung derselben unmittelbar nichts zu tun haben. Sie beeinflussen vielmehr die *Zuständlichkeit* des Gesamtorganismus, damit aber auch die Gemütslage des Hörenden in besonderer Weise. Wie wir uns jene Prozesse psychophysisch zu denken haben, mag hier, wo wir nur deren ästhetische Wirksamkeit ins Auge fassen, unerörtert bleiben. Tatsache der Erfahrung ist, daß in ihnen sich die

Umsetzung des Reizes in Reaktionen des Gesamtorganismus vollzieht. Vor allem schließen sich an die Sinnescharaktere die Wirkungen der *Erregung* und *Beruhigung* an.

Sie haben wohl alle schon die beruhigende Wirkung verspürt, die vom Klingen tiefer voller Glokkentöne ausgeht, die erregende Wirkung des hellen Trompetentons, der übervoluminösen Posaune, verzitternder, bebender Geigenklänge. Der gesamte Organismus gerät bei entsprechender Disposition durch die Klänge in Mitschwingung; er nimmt sozusagen teil an dem Beben und Leben im Innern des klingenden Körpers. Ein überlauter oder überscharfer Ton geht uns – wie wir uns sehr präzis ausdrücken – auf die Nerven, ein allzu lange anhaltendes Pianissimo wirkt peinlich, aufregend, beängstigend. Noch ganz ohne Hinzutreten eigentlicher „Gefühle" antwortet die nervöse Struktur auf die einwirkenden Reize mit den eigentümlichen, schwer analysierbaren Eindrücken des Angeregt- oder Erregtseins, noch allgemeiner des Affiziert-seins, oder umgekehrt mit dem Eindruck von Ruhe, von Aufhebung oder Unterbrechung des nervösen Verlaufs, die entweder positiv als Eindruck der Beruhigung oder negativ als Eindruck der Stagnation, auch der gezwungenen Ruhe, der Depression auftreten kann. Allzu große Gleichmäßigkeit der Tonreize läßt uns nichts weiter erleben, sie wirkt drückend, langweilig. All diese Eindrucksmomente aus dem Gegensatzpaar der Erregung und Nichterregung sind uns so geläufig, daß sie in der Analyse des ästhetischen Eindrucks leicht übersehen werden. Diese allgemeinsten Zuständlichkeiten sind jedoch für den Genuß des musikalischen Objekts von viel allgemeinerer Bedeutung als die eigentlichen Gefühlserlebnisse.

Neben Erregung und Beruhigung — den allgemeinsten Zuständlichkeiten der nervösen Substanz — tritt als weiteres, in der Musik hochbedeutsames Gegensatzpaar von Zuständlichkeiten dasjenige von *Spannung* und *Entspannung* bzw. *Lösung*. Das musikalische Kunstwerk verläuft in der Zeit, es geschieht etwas. Schon zwei aufeinanderfolgende Töne, ja noch primitiver, zwei aufeinanderfolgende Schläge stellen ein einfachstes Geschehen dar. Ja, noch weiter gehend könnte man gar die Unterbrechung der Stille durch einen Ton oder Tonkomplex als Geschehnis bezeichnen. Schon sie weckt unsere Aufmerksamkeit und lenkt sie auf das Tönende, wie wir bei jedem einfachsten, eintönigen Signal zu beobachten Gelegenheit haben. Stellen wir dann zwei Quint-Intervalle, das eine aufwärts, das andere abwärts, einander gegenüber: die Wirkung der beiden Erscheinungen ist aufwärts die Aufmerksamkeit erregend, abwärts lösend. Eine Verdeutlichung mit den Worten „Frage und Antwort" kann man hier nicht gut anwenden, das ist aus dem Milieu der sprachlichen Äußerung genommen. Wir brauchen bloß Quint- und Septimsprung einander gegenüberstellen: c — g und c — h (letzteres Beispiel in Aida). Die Wirkungen hängen im großen Maße davon ab, ob ich die Intervalle als Schritte auffasse. Betrachte ich das Intervall für sich und nicht als Schritt, so ist der Eindruck der Spannung nicht besonders groß. Als Beispiel diene der Anfang der Freischütz-Ouvertüre: hier wird das Intervall nicht als Schritt, sondern als tonisches Intervall aufgefaßt. Ein anderes Beispiel ist der Anfang des Liedes „Morgenrot"; hier werden Tonschritte aufgefaßt. – Im übermäßigen Dreiklang sehen wir Erregung. Das Tritonus-Intervall wird isoliert gehört, mit ihm wird tonale Auffassung nicht verbunden; es wird charakterisiert durch ein gewisses Tasten, das ist sein „Gestalt-Moment" und erklärt die relative Schwierigkeit, dem Intervall einen tonalen Sinn zu geben. Als Gegenbeispiel diene der Klang h – gis; unwillkürlich wird E-Dur ergänzt. In Verbindung mit einer Grundlage (ohne Auflösung des gis!) fragen wir, was bleibt dem Intervall als solchem; denn um den Schritt als solchen handelt es sich.

Das einfachste und verständlichste *rhythmische Motiv* „leicht – schwer", der Jambus, ist ein Spannungsmotiv, wo es allein oder zu Anfang einer größeren Gliederung steht; es ist ein Lösungsmotiv, wo es am Ende eines rhythmischen Ganzen steht. Die umgekehrte Ordnung „schwer – leicht" stellt sich bei (unrhythmisiert gegebenem) Motiv mit absteigender Bewegung fast unwillkürlich ein; in größeren Zusammenhängen belebt sie den Fluß der Bewegung durch gedehnte, nicht so harte Impulse und führt die Lösung gleitend ein; das gefühlsbetonte Barock liebte sie sehr.

Wir können aber das Thema nicht voll behandeln, ohne uns die Schemata der musikalischen Gestalten (Konsonanz usw., Klänge) im ganzen vor Augen geführt zu haben. Ferner entsteht die Frage: Inwieweit werden eigentlich jene Gestalten vom Hörer aufgefaßt? Mit welchen Mitteln faßt er sie auf? Denn um derartige Wirkungen von Intervallgängen, Motiven aufzufassen, bedarf es keiner großen musikalischen Bildung. Der musikalische Hörer wird besonders Deutungen und Ergänzungen vornehmen; der unmusikalische nimmt mit einem Minimum vorlieb, und darum ist bei ihm vielleicht der Eindruck größer als beim musikalischen Hörer, der bereits eine ganze Kultur der musikalischen Gestaltung dahinter sieht.

Es handelt sich also darum: Welches sind die musikalischen Gestalten, und welches sind die hauptsächlichsten Typen des musikalischen Gestaltens? Es sind die Gestaltungen der Gleichzeitigkeit von Tönen und die der Sukzession von Tönen. Bei der Sukzession zerfällt der Eindruck in zwei Gestaltungen: fürs erste in die Gestaltung, die in der Tonqualität liegt, ferner in die zeitliche Gestaltung der Sukzession. Diese letztere ist es, die wir in musikalischen und anderen psychischen Erlebnissen als Rhythmus bezeichnen.

(Beispiele für dieses unterschiedliche Verhalten sind in den Aussagen der Versuchspersonen zahlreich enthalten in Kurt Hubers Buch: „Der Ausdruck musikalischer Elementarmotive", 1923.)

5. KAPITEL

Der ästhetische Wert der musikalischen Gestalten

Sonst ist es durchwegs üblich, den Ausdruck „Form" zu gebrauchen. Aber der Begriff der Gestalt ist ein psychologisch viel allgemeinerer Begriff; und alles, was wir musikalische Formen nennen, läßt sich einreihen in jene große Gruppe von psychischen Inhalten aus allen psychischen Gebieten, die wir Gestalt nennen.

Was ist Gestalt? Vergegenwärtigen wir uns etwa vier Punkte in der Lage eines Quadrats, so können diese vier Punkte zunächst als eine Mannigfaltigkeit von Punkten aufgefaßt werden. Bei einer anderen Einstellung aber können diese Punkte zusammengefaßt werden zu einem neuen Vorstellungsbild, eben dem des Quadrats, das diese vier Punkte notwendigerweise zur Voraussetzung hat und keineswegs mit der Summe der vier Punkte identisch ist. Ein anderes Beispiel: Wir können beliebig vier Punkte in anderem Größenverhältnis der Distanz aufzeichnen; unter bestimmten Bedingungen wird der Eindruck Quadrat wiederkehren, wenn auch die Distanz und Lage der Punkte im Raum völlig verschieden ist. Die Gestaltung Quadrat also ist unabhängig von der absoluten Lage der Punkte, von der absoluten Größe ihrer Distanzen und ist nur abhängig von einem relativen Distanzverhältnis, in dem diese Punkte stehen.

Was hat nun diese Betrachtung von Punkten mit musikalischen Dingen gemein? Nehmen wir anstatt der Punkte einen Ton, etwa die Töne c und e. Wir können diese Töne einmal auffassen als ein c und ein e, die gleichzeitig erklingen. Bei musikalischer Einstellung aber bilden dieses c und e einen völlig neuen Inhalt: wir sprechen von einem bestimmten Intervall, nennen es Terz, behaupten, daß es eine Konsonanz sei — also wieder ein bestimmter eigentümlicher Inhalt unseres seelischen Erlebens —, und wir können diesen Inhalt Terz-Konsonanz völlig abheben von den real erklingenden Tönen, wobei das Distanzverhältnis dieser Töne absolut gleich bleibt. Wir haben eine der möglichen Gestaltbildungen vor uns, die Gestaltbildung der Gleichzeitigkeit.

Es fragt sich: Wie ist eigentlich für unser seelisches Erleben eine derartige Abhebung der Inhalte, die wir aus unmittelbar sinnlichen Eindrücken gewinnen, — wie ist eine derartige Abhebung vom Material möglich? Wir bezeichnen diese Möglichkeit als Transponierbarkeit. Eine der wesentlichen Eigenschaften von solchen Gestalten ist also, daß sie transponierbar sind, ferner daß sie neben den Einzelinhalten, aus denen sie gebildet werden, völlig neue Inhalte des Bewußtseins bilden. Da ist es nun gleichgültig — wie unser einleitend genommenes Beispiel zeigt —, ob es sich um akustische Gestalten, optische Gestalten, daktylische Gestalten usw. handelt.

Jene zwei Momente, Unabhängigkeit und Transponierbarkeit, sind die Kriterien dafür, daß ein bestimmter Gestalteindruck vorliegt. Wir dürfen uns keineswegs in die Meinung versteifen, daß ein derartiger Gestalteindruck schon eine Denktätigkeit sei. Konsonanz und Dissonanz sind uns ebenso empfindungsmäßig gegeben wie der Eindruck der Klangfarbe oder Höhenlage des Tons. Wir können uns den anschaulich gewonnenen Eindruck nachträglich in bestimmte Beziehungen auflösen, wir können sagen: diese Töne stehen in einer bestimmten Beziehung der Terz usw. zueinander. Das sind Dinge, welche die Psychologie interessieren, welche aber für die Ästhetik irrelevant sind. Wir müssen also für die Gestalten aus einfacher Anschauung heraus noch das Moment der Anschaulichkeit durchaus festhalten.

Gestalten sind aus einfachen Empfindungsgrundlagen zusammengesetzte, komplexe Gebilde, die ebenso anschaulich erfaßbar sind wie die Empfindungsgrundlagen es sind.

An Gestalten kommen für uns in Frage die melodischen, harmonischen, rhythmischen Gestalten. Diese verschiedenen Gestaltungen können wir nicht isoliert theoretisch betrachten, sondern müssen von praktischen Beispielen ausgehen und den Sinn jener Gestaltungen und deren ästhetische Bedeutung klarlegen.

Z. B. ein einfaches Motiv c – g: Aus diesem Komplex können wir zunächst zwei Töne von verschiedener Klangfarbe heraushören; ein derartiger Eindruck ist im Ästhetischen ein völlig ungestalteter Eindruck. Anderes Beispiel d – es: hier können wir sagen, die Klangfarbe des ersten Tones hellt sich in die Klangfarbe des zweiten Tones hinein. Oder c – as: können wir diesen Eindruck „heller werden" ästhetisch erleben? Offenbar. Damit nehmen wir schon eine Art Gestaltung vor. Oder as – c: die abwärts schreitende Sext erleben wir wie einen Übergang von einer helleren in eine dunklere Klangfarbe. Mit diesen Beispielen ist gezeigt: der Ton wird aufgefaßt als ein Ding, das sich irgendwie ändern kann.

Wir können noch zu anderen Gestaltungsformen greifen: c' – e hat die Richtung „abwärts gehen"; ihr steht gegenüber die Richtung „aufwärts gehen". Was ist in diesem *Richtungs-Index* gegeben? Ein ganz neues Gestaltmoment, und zwar ein Gestaltmoment, das völlig unabhängig vom Moment der Klangfarbe-Veränderung zu einem neuen ästhetischen Wert werden kann. Liegen da nicht Momente vor, die in stufenweiser Fortschreitung nicht enthalten sind? Was ist in der Richtungs-Beziehung gegeben? Jetzt erst wird ein Moment zum ästhetischen Wert, das bei Aufzählung der rein sinnlichen Wirkung von Tönen übergangen wurde, nämlich das Moment der Höhe. Dort gebrauchten wir die Bezeichnung Höhe als objektive Bestimmung des Tones, die eigentlich keinen ästhetischen Wertcharakter bedeutet; jetzt aber, wo wir vom Richtungssinn sprechen und wo ein starkes intellektuelles Moment vorliegt, wird „Höhe" zu einer Art von ästhetischer Kategorie des Tones.

Bei den Ausdrücken *„Höhe"* und *„Tiefe"* handelt es sich um eine Erscheinung, die man als *Raum=Symbolik* bezeichnet. Der Ausdruck Symbolik legt schon nahe, daß es sich nicht um eine sinnliche Räumlichkeit handelt. Ebenso ist abzulehnen, daß die Räumlichkeit der Töne angewiesen sei auf unsre Gesichtsraumanschauung. Was im Verlaufe der Aneinanderfügung von mehreren Tönen empfunden wird, ist dieses, daß sich diese Reihe linear, in einer Linie, weiterentwickelt; es ist der Eindruck der linearen Fortbewegung. Wenn wir diesen Eindruck gewonnen haben, unterscheiden wir zwei Richtungen. Daß diese Richtungen nach oben und nach unten bezeichnet werden, ist nicht selbstverständlich. Man könnte auch andere Kunstausdrücke denken, die repräsentieren sollen, daß es sich um lineare Richtungen handelt. Worin liegt das Moment nach unten gehend, nach oben gehend? Denken wir da an einen Raum, an eine Linie, an der die Noten abwärts und aufwärts steigen? Am Klavier würden die Ausdrücke rechts und links näher liegen, in der Notenschrift die Ausdrücke höher und tiefer. Die tiefen Töne sind besonders mit Massigkeits=Charakter (ein Ausdruck von Carl Stumpf) behaftet; das stimmt aber in vielen Fällen nicht; es können ja tiefe Töne durch kleine Instrumente gegeben werden. Auch bei primitiven Völkern ist der Eindruck von hoch und tief vorhanden, aber in verschiedener Prägung. Stärker ist der Eindruck „schwer" und „spitz", so in der antiken griechischen Terminologie. Hier liegen nicht Raum=, son=

dern Volumen-Eindrücke vor. Wenn wir Kinder fragen, welcher von den zwei Trompetentönen der höhere sei, so wird diese Frage oft nicht verstanden; als Stumpf einmal seinen Buben so fragte, erwiderte dieser: Meinst du die helleren oder dunkleren Töne?

Nun ergibt sich die Frage: Worin liegt die Berechtigung dafür, daß der Begriff der Räumlichkeit eingeführt wird? In dem Moment, wo wir die Töne verdinglichen, als Bewegung fassen, müssen wir für diese Bewegung ein System haben, in dem sie sich bewegen können. Das Beispiel

wirkt wie ein Schleudern auf ein Ziel hin. Was zum Begriff Bewegung veranlaßt, ist nicht die Auffassung der Volumen-Unterschiede, die wir in einer Änderung erfassen wollen, sondern die eines Tonschritts, einer Tonbewegung als eines tönenden Etwas; in diesem Moment müssen wir für diese Bewegung die Richtung einführen, um der Bewegung einen völlig objektiven Sinn zu geben. Das primäre Moment, das der Richtungs-Auffassung zugrunde liegt, scheint der Eindruck nicht des Sich-Veränderns, sondern des Sich-Bewegens eines tönenden Etwas zu sein. Der *Bewegungseindruck* wird durch die Richtung mitbestimmt, zugleich aber auch durch ein anderes Moment, das wieder mit räumlicher Analogie bezeichnet wird: weiter und enger auseinander, z. B. g — e oder g — c. Auf einem andern Gebiet: dic Farbe rot und die

Farbe gelb sind weiter auseinander als rot und orange; das hat mit Raum nichts zu tun. Wir können sagen: ich kann zwischen rot und gelb viel mehr Farben-Nuancen annehmen als zwischen rot und orange. Ebenso ist es bei den Tönen. Die einfache lineare Aneinanderreihung von Tönen gibt die Berechtigung, von *Distanzen* zu reden. Aus dem Begriff der Distanz, weiterauseinander – näherauseinander, ist für die Bewegungsauffassung des Tones wieder ein neues Moment dafür geboten: die Bewegung, die durch ein unmittelbar letztes und nicht weiter analysierbares Empfinden aufgefaßt wird, näher zu bestimmen; der Eindruck, daß sich ein Intervall zu einem andern hinneigt, ist nicht weiter zu analysieren. Es will der Übergang zweier sinnlicher Qualitäten zu höchster sinnlicher Schärfe gebracht werden. Bei den Ausdrükken „das eine wirkt hell, das andere nicht so hell", also beim Ausdrücken der Klangfarbe, gelangen wir zu keiner Entscheidung hinsichtlich der Struktur; beim Ausdruck der Distanz dagegen haben wir völlig eindeutige Determination. Da haben wir also die Basis für eine anschauliche Aneinanderreihung der Töne, für das Geschehen einer zeitlichen Abfolge der Töne. „Hoch" und „tief" stellt also einen ungemein komplizierten Eindruck vor.

Das einfachste Verhältnis hinsichtlich des Wechsels der Höhe ist der Tonschritt. Wann sprechen wir, wenn wir zwei sukzessive Töne vor uns haben, von einem Tonschritt? Das ist übrigens wieder unabhängig vom Eindruck des Gesichtsraums. Den *Schritt=*

Eindruck erhalten wir nicht bei jeder Bewegung, sondern nur bei einer Bewegung, die sich von einem Ton auf einen der nächstfolgenden in der Höhenlage erstreckt. Warum sagen wir nicht g — a „springt"? Wir können g — a, aber auch g — as als Schritterlebnis bezeichnen. Ist dies auch noch bei g — gis möglich? Wenn die Fortschreitung zu klein wird, so sprechen wir für unser unmittelbares Erleben von einem „Gleiten". Schritt-Erlebnis ist vorhanden, wenn Töne gegeben sind, die Qualitäten sind, die nicht mehr in unmittelbarer Beziehung zueinander stehen. Qualität ist derjenige Eindruck am Ton, um dessentwillen ich ihn als c, d usw. benennen kann. Bei Tönen, die im Verhältnis einer Oktav zueinander stehen, haben wir denselben Charakter, c-Charakter, d-Charakter usw. Also: Die Töne, die hier mit eigenem Namen ausgezeichnet werden, bezeugen uns durch die neue Namengebung, daß wir sie als neue Qualitäten unterscheiden. Noch einmal: Das Schritt-Erlebnis ist dann gegeben, wenn die beiden Töne, die hier verbunden werden sollen, in einem solchen Verhältnis stehen, daß ihre Qualitäten klar als zwei verschiedene Qualitäten aufgefaßt werden. Erst im Schritt-Erlebnis wird das Moment Qualität für den musikalischen Eindruck verwertbar gemacht.

Wenn wir den *Simultan-Akkord* C-Dur angeben, entsteht sofort ein einheitlicher Eindruck; aber wir können und brauchen nicht sagen, wieviele Töne hier zusammengefaßt werden. Warum ist die Zusammenfassung? Weil eine Einstellung vorhanden ist, die den Willen voraussetzt, das Gehörte irgendwie intellektuell zu verstehen und so das Gehörte zu einem irgendwie seelischen Erleben zu gestalten. Müssen wir uns so einstellen, um ästhetisch genießen zu können? Nicht notwendigerweise. Es gibt auch genug Fälle, wo wir uns nicht so einzustellen brauchen. So z. B. bei Strauß in der „Ariadne auf Naxos" bei der Stelle, wo ein Schiff fortfährt: was genießen wir da? Ist diese Stelle charakteristisch? Offenbar sehr! Der Eindruck, der Genuß liegt in dem Auffassen des Verfließens der Klangfarben. Vergleichen wir diese *Akkordfolge* mit dem einfachen C-Dur-Akkord! Der Eindruck, daß wir hier Konsonanz und Dissonanz vor uns haben, ist schon ein ganz bestimmter ästhetischer Inhalt. Daß im Konsonanz- und Dissonanzakkord im allgemeinen Gefühlswirkungen parallel gehen können, aber nicht müssen, wurde schon oben berührt; ebenso die intellektuelle Bedeutung, die der Konsonanz und Dissonanz gegeben wird.

Fahren wir weiter: In dem Moment, wo wir den C-Dur-Akkord z. B. mit as als Dissonanz haben, tritt eine Erregung, eine Spannung auf. Diese Spannung will beseitigt werden, das Spannungsgefühl verlangt eine Lösung. Die Lösung von dissonierenden Simultanklängen kann nur in einer Zeitfolge geschehen. Wir müssen zu diesem Zwecke zu einer melodischen Entwicklung eines oder mehrerer Klänge schreiten. Die harmonischen und melodischen Gestaltungen hängen nun hier in zwei ganz bestimmten Punkten zusammen: die Gestaltungen, auch die harmonischen, setzen alle Eigenschaften der Richtung, Distanz usw. voraus; dann ist noch ein Neues, nämlich der Zusammenhang der Töne wird als simultaner gedacht. Wir können in der Aufeinanderfolge der harmonischen Töne ebenfalls die Spannungen erleben und kommen zu einem Auflösungsbedürfnis. Der melodischen und der harmonischen Gestaltung ist wieder gemeinsam das Moment der *Bewegung*. Für die melodische wurde diese Frage oben bei der Raumsymbolik gestreift; erinnern wir uns auch des Beispiels vom Bewegungseindruck einer Schleuder, um nicht in einfacher Linie, sondern in einer anderen Form die höheren Töne zu erreichen. Sehr häufig ist im Harmonischen am Ende des musikalischen Gedankens die Bewegung hüpfend, springend; sie hat also eine andere Energie, mit der die Bewegung endet.

Mit der Auffassung der Bewegung ist unmittelbar verbunden die Auffassung eines Kräftezusammenhangs, einer Kräfteverschiebung usw.; sie liegt auch vor in der Dissonanz, wo der Ruhestand nicht voll erreicht wird. Das eigentlich ästhetisch bedeutsame Moment der Bewegung liegt nicht in Fortentwicklung, sondern im *Kräfteverlauf, Kräfteschauspiel.* Vielfach wird dieses sogar als einzig „musikalisch" genannt; dieses liegt den Anschauungen der Formalisten mit Hanslick als Hauptvertreter zugrunde. Wie kommt man dazu, diesen Tönen Kräfte zu subsumieren? Es handelt sich wohl um einen absolut primären Eindruck.

Warum hören wir die Klänge von unten nach oben und nicht umgekehrt? Wir können auch hier keinen

Grund angeben. Im Dreiklang hören wir zunächst c-e als Terz und c-g als Quint; die auch vorhandene Kleinterz e-g wird gar nicht berücksichtigt, gar nicht gewertet. Die distanzmäßige Auffassung folgt dem Schema:

Ferner beziehen wir alle Klänge auf ein Fundament. Damit sind anscheinend viele und schwierige Denkoperationen verbunden; verstandesmäßig aber werden sie nicht durchgeführt. Wir müssen uns dessen bewußt bleiben: Der einfache Eindruck, nicht die harmonische Rechenoperation ist maßgebend.

Das Wesen der *Tonalität*. Von einer tonalen Beziehung sprechen wir überall da, wo Töne oder Klänge in irgendeiner Weise auf den Grundton eines bestimmten Tonsystems bezogen sind, wo Töne oder Klänge in ihrer Aufeinanderfolge oder Entwicklung eines musikalischen Gedankens durch diese Beziehung bestimmt sind. Darin liegt schon eingeschlossen, daß die spezielle Beziehung der Tonalität abhängig gedacht werden muß von jenen Beziehungen, die für das Tonsystem charakteristisch sind. Es gibt also verschiedenerlei Tonalitäten. Auch wenn wir uns auf das Tonsystem unseres abendländischen Kulturkreises beschränken, bleibt eine doppelte Ausprägung jenes Gehaltes übrig: doppelt nach der Hinsicht, ob die Töne eines melodischen Zusammenhangs auf einen Ausgangs- oder Endton, oder ob Klänge auf den Grundklang eines Systems bezogen sind. Wir unterscheiden also zwischen *melodischer* und *harmonischer* Tonalität.

Wir meinen in der Regel die harmonische, die später entwickelte Tonalität. Eine Entwicklung in der einfachsten Form haben wir in den Kadenzbildungen. Diese Beziehung, nämlich die von aufeinanderfolgenden Klängen auf den Grundklang, wird ästhetisch für unsere Auffassung ganz in demselben Sinn wie die Beziehungen des melodischen Steigens und Fallens als eine bestimmte Form der Bewegung erfaßt, d. i. einer logischen Entwicklung. Dieser Bewegung entspricht nicht ein Raum-Schema; das Bild jener Bewegung ist ein ganz anderes: Wir haben ein Zentrum, von dem wir uns nach Dominante und Subdominante, nach zwei Richtungen bewegen; in jenen Eckakkorden der Dominante und Subdominante steckt ein doppelter Richtungssinn einer Bewegung. Noch in einer zweiten Weise unterscheidet sich die Bewegung. Wenn wir den Gang C-Dur nach G-Dur hören, fassen wir ihn auf als ein Fortschreiten, ein Wegschreiten von einem Urgrund; der Gang G-Dur nach C-Dur ist dann umgekehrt ein Zurückkehren zum Zentrum; ähnlich ist die Bewegung ausgedrückt beim Plagalschluß F-Dur nach C-Dur.

Der Eindruck *„Schluß"* ist für die Erfassung des Tonalen wesentlich. Wie kommt nun für unser ästhetisches Erfassen der Schluß-Eindruck zustande? Es gibt einen harmonischen Schluß und einen melodischen Schluß. Mit dem Inhalt „Schluß" ist für unsern

Eindruck unmittelbar gegeben, daß irgendein Ausgangspunkt, von dem aus der musikalische Gedanke verläuft, wieder erreicht wird. Können wir den Ausdruck Schluß noch näher erläutern? Können wir im ästhetischen Erleben ein Moment angeben, das den Ausdruck Schluß unmittelbar anzeigt? Es wird schwer sein, das, was man unter Schluß versteht und erlebt, in Worte zu fassen. Erinnern wir uns der Beispiele für andere Schlüsse, wie wir sie z. B. in der Kirchenmusik in den Psalmtönen erleben. Würden wir einer derartigen Melodie den Schlußcharakter zuschreiben? Um ein solches Schlußgefühl zu erreichen, muß mir das Tonalitäts-System gegenwärtig sein, für das die Schlußwirkung erreicht werden will. Die Schlußwirkung stellt einen nicht analysierbaren Eindruck, ein unmittelbares Erleben dar. Ferner, die Schlußwirkung setzt voraus, daß der System-Zusammenhang gegeben ist, für den das betreffende Motiv, die betreffende Wendung schlußwirkend sein kann. Nur ganz wenige primitive Gestaltungen gibt es, die immer Schlußbildung sein können: die Abwärtsbewegung. Aufwärtsgehende Schlüsse sind nur dann verständlich, wenn ein Schlußmoment so stark hervortritt, daß jenes Widerstreben gegen die als Schlußwirkung notwendige Abwärtsbewegung überwunden wird, daß das Abweichen von dem Normalen nicht mehr als störend empfunden wird.

Es ist kein Zufall, daß die gesamte moderne exakte Musikwissenschaft gerade auf das Studium der Schlüsse in den einzelnen Musikperioden einen ungemein starken Nachdruck legt. Denn in der Schlußwirkung hat sich die Musikauffassung des jeweils geltenden Tonsystems in gedrängter Form konzentriert. Daraus können wir sofort entnehmen: so wird das jener Musik zugrundeliegende System erlebt. Ebenso zeigt sich in jener doppelten Tonalität, der harmonisch-tonalen Beziehung und der melodisch-tonalen Beziehung, daß jedes System ganz eigentümliche Schlußwirkungen hervorrufen kann durch Fortgang vom Zentrum und Rückgang zu ihm. Wir haben in der gesamten Musik den Fall, daß wir aus der Melodie das System unmittelbar verstehen; ein Beispiel hierfür aus der neueren Musik ist die Weise „Morgenrot, Morgenrot". So sind wir über die tonalen Beziehungen, Schlußwirkungen in keinem Stadium im Zweifel. Das ist nur verständlich, wenn die einzelnen Töne nicht nur als Töne schlechthin verständlich werden, sondern wenn in denselben Tönen noch unmittelbar etwas anderes miterlebt wird, eine Repräsentation irgendwelcher harmonischer Beziehungen; Riemann hat dafür den Ausdruck „Klangvertretung" gewählt. Also: Wie kommen wir dazu, im Erleben eine derartige Melodie eindeutig tonal zu erfassen? Daß wir – den idealen, richtiger: musikalischen höheren Sinn wie in allen unseren ästhetischen Betrachtungen vorausgesetzt – die Funktionen Tonika-Dominante-Tonika einsetzen müssen und keine andere, dies wird wohl jeder verstehen.

In den Begleitungen haben wir nichts anderes als die Angabe der tonalen Funktion der einzelnen Töne.

Ist es dann z. B. in unseren Harmonielehrbüchern logisch gerechtfertigt, wenn sie zu einem alten Vokallied die verschiedensten Akkorde angeben, um die verschiedensten Akkordlagen zu zeigen? Logisch gerechtfertigt ist es nicht. Damit wird auch jenes Verständnis für die Melodie nicht erreicht, das für das ästhetische Genießen der Melodie erreicht werden muß.

In den chorisch besetzten Madrigalen, Motetten, Liedern des 16. Jahrhunderts stoßen wir immer wieder auf Dreiklangverbindungen, die für ein nicht historisch eingestelltes Ohr merkwürdig anmuten. Mit dem modernen Ohr gehört, kommen uns diese Akkorde unlogisch vor. Warum? Was von uns nicht verstanden wird, ist der ständige Richtungswechsel (die tonalen Beziehungen werden von uns, wie vorher gesagt, als Richtungsbewegung aufgefaßt, Richtung Tonika-Dominante und entgegengesetzte Richtung Tonika-Subdominante). Bei Lasso z. B. haben wir eine Harmonie, für die noch kein Zentrum da ist; ein Lasso-Lied bewegt sich in den Kirchentonarten, der Richtungssinn ist noch nicht da. Diese *richtungslose* Harmonik der späteren Renaissanceperiode bietet ein interessantes Material für das Studium der psychischen Wirkung der Tonalität.

Im Gegensatz zu dieser Richtungslosigkeit finden wir in der modernen Harmonik, im modernen Lied vielfach Wendungen, die an sich vom gewöhnlichen Hörer gar nicht oder nur unvollständig verstanden werden können, — melodische Wendungen, die durchaus daran gebunden sind, daß ihnen eine bestimmte Harmonik unterlegt wird. Beispiel hierfür sind Regers „Schlichte Weisen". Es gibt also jene Grenzfälle einer Harmonik, einer Verbindung von Akkorden, die noch nicht harmonisch zentriert sind, und Verbindungen von Melodien, bei denen jeder Ton der betreffenden harmonischen Unterlegungen für das Verständnis jener Stelle in Betracht gezogen werden muß.

Die *rhythmischen Beziehungen* sind nur so zu verstehen, daß die Rückbeziehung auf jene vorher dargelegte melodische und harmonische Bewegung in einer zeitlichen Folge fixiert ist. In der psychologischen Betrachtungsweise ist sehr häufig das rhythmische Erlebnis vom Takt abhängig gemacht worden: in eine Folge ♩ ♩ ♩ ♩ ♩ ♩ können wir zwei- und dreiteiligen Takt hineinhören. Das ist aber die unmusikalischste Betrachtungsweise, die sich denken läßt. Durch die rhythmische Gliederung eines solchen Themas werden die Sinn-Akzente, die im Aufsteigen der melodischen Bewegung vorgedeutet werden, in eine bestimmte Form gebracht. Diese Bewegung können wir auch in der Synkopierung verfolgen. Synkopierung haben wir dann, wenn die Rhythmisierung dem Sinngehalt der Akzentuierung, die in normaler Weise gegeben wäre, widerspricht und der Eindruck einer scheinbaren Willkür der zeitlichen Gliederung hervorgerufen wird.

Vom Rhythmus hat schon Aristoxenos eine Definition gegeben, die als einigermaßen abschließend genannt werden muß. Er sagt: Der Rhythmus besteht darin, daß überall, wo unsere Wahrnehmungen in der Zeit gegeben sind, diese Wahrnehmungen in irgendeiner Weise geordnet sind. Der Begriff der Zuordnung ist aber noch zu weit; er reicht so weit, daß noch ein weiteres Moment im rhythmischen Element hinzutreten muß. Rhythmus ist nämlich eine Erscheinung, die absolut nicht auf die Zeit beschränkt ist; wir können von einem optischen Rhythmus usw. sprechen. Umgekehrt können wir eine Ordnung in der Zeit aufweisen, die von Rhythmus frei ist. Zum Beispiel: Metronom-Schläge sehr langsam; was man da hört, ist nur die Regelmäßigkeit der Schläge, es fehlt aber ein Moment der Beziehung aufeinander; so können wir nur bemerken, daß die Zeiten ungefähr gleich sind; man hört einen gewissen Rhythmus hinein, einen Zweitakt-Rhythmus (durch die Mechanik und deren Begleittöne kommt da ein Klangcharakter zustande), so daß wir dann größere Gruppen bilden, eine Mehrheit von Schlägen zusammennehmen. Durch Zusammenfassung von zwei Schlägen kommen wir auch zu einem Erlebnis der Pause: $(\underset{1}{\overset{*}{I}}\ \underset{2}{I})(\underset{3}{\overset{*}{I}}\ \underset{4}{I})$ usw. Nun kann diese Gestalt *jambisch* oder *trochäisch* erlebt werden. Welches Erlebnis ist stärker, das jambische oder das trochäische? Das ist Sache der individuellen Einstellung. (Wir dürfen nicht den Ausdruck Betonung gebrauchen; weil die Schläge gleich stark sind, nehmen wir nur eine Konzentrierung der Aufmerksamkeit vor.) Das trochäische Maß ist das natürlichere, wenn wir abgeteilte Gruppen bilden und auf den Erlebnis-

Sinn keinen besonderen Nachdruck legen (–́ – –́ –). Wenn wir aber Wert darauf legen, ein Maximum von Bewegung in die Schlagfolge hineinzuprojizieren, so neigen wir zur jambischen Betonung (– –́ – –́). Dies ist im Sinn der motivischen Entwicklung zweifellos die primitivere. Warum? Das sehen wir sofort, wenn wir zwei Schläge bekommen: Bei Nachschlag – verbindender Zeitspanne – nächstem Schlag haben wir das Ende des Erlebnisses; dieses trägt einen charakteristischen Sinn-Akzent hinein, der am Ende und nicht am Anfang hängt; das ist Erlebnis im Fortschritt in einer gewissen Richtung. Man schaue hin auf die Beispiele im spanischen Volkslied, die Salinas in seinem Traktat zitiert: hier ist der trochäische Rhythmus bevorzugt. Es könnte sein, daß dies in den Eigentümlichkeiten der spanischen Sprache, bzw. des spanischen Volkstanzes liegt. Riemann sucht die primäre Vorzugsstellung des Jambus zu verstärken und sagt, es gäbe primär überhaupt nur jambischen Rhythmus. Eines ist ihm ohne weiteres zuzuerkennen: Alle Beispiele, welche die Möglichkeit eines Vorzugs trochäischer Bildungen nachweisen, sind komplizierter und schwerer verständlich und kommen nur auf einer höheren Entwicklungsstufe vor. Ein interessantes Beispiel ist die A-Dur-Sonate von Mozart

und dazu beachte man die Riemannsche Phrasierung. Was ist nun hier der zutreffende Rhythmus? Die Mozartische Phrasierung! Riemann hat darin recht, daß die Rhythmisierung kompliziert ist. Die eigentümliche Wirkung aber liegt in dem graziösen Zurückhalten der eigentlichen Stimmung.

Der musikalische Rhythmus, im Gegensatz zum reinen Zeitteilungsrhythmus von Takten, wächst aus den inneren Gestaltzusammenhängen des Motivs heraus. Die Rhythmisierung, die rhythmisch-metrische Gestaltung, – ebenso die Akzentuierung, Harmonisierung und Orchestrierung – kann nur den Sinn haben, die in der Melodiegestalt schon angelegten Sinn-Akzente zum Ausdruck zu bringen. Der Rhythmus tritt nicht als äußerlicher, vom Intervall-eindruck unabhängiger Faktor neben diesem hinzu, sondern stellt das zeitliche Abbild von dessen geistiger Akzentuierung dar und ergibt sich aus dieser in natürlicher Weise.

Ein weiterer Gegensatz der rhythmischen Gestaltung kommt als typisches Beispiel im Gregorianischen Choral vor: der Gegensatz zwischen streng zeitmessendem kommensurablen Rhythmus und inkommensurablem Rhythmus. Den strikten Gegensatz zu diesem Prototyp einer ästhetischen Verwertung des inkommensurablen Rhythmus haben wir in der modalen Musik des Mittelalters, wo ein Zeitmaß von einer einmal fixierten Zeitdauer als Grundmaß, d. s. die bekannten „Modi", für alle weiteren rhythmischen Entwicklungen genommen wird, wo alle rhythmischen Entwicklungen der Melodie als mathematische Teile, d. h. Zerlegungen auf den Grund-Modus bezogen werden. Auch die Mensuralmusik kommt im Laufe ihrer Entwicklung zu immer komplizierteren Proportionen (Zeitverhältnissen zur Grundeinheit); sie sucht einem inkommensurablen Zeitverhältnis immer näher zu kommen. In dem Stadium, wo diese Verhältnisse einen Umfang annehmen, daß die Verständlichkeit der rhythmischen Beziehungen praktisch zu leiden beginnt, setzt ein völliger Umschwung der rhythmischen Auffassung ein: nicht ein einzelner Grundwert wird für die musikalische Entwicklung gesetzt, sondern eine ganze Reihe von unter sich nicht zusammenhängenden Zeitfolgen (gehen, schreiten, langsamer, rascher); für die musikalische Entwicklung werden die Zeitgrößen neu bezogen auf ein Maß.

Wie entwickle ich den *Tempo-Begriff* aus der Zeitgröße, d. i. der rhythmischen Einheit? Wir streben zweifelsohne einem Mittelwert zu, der uns als normal erscheint. Was heißt nun normal? Der Maßstab, der unserer physischen Konstitution entgegenkommt bzw. physiologisch bedingt ist, ist der Pulsschlag. Wir könnten ohne diese Norm von einem „rasch" und „langsam", das eigentlich in dieser Zeit vor sich geht, nicht wissen.

Tempo und objektive Zeitdauer des Klangfußes sind zwei Begriffe, die zwar eng miteinander zusammenhängen, aber sich nicht voll decken. Der Charakter der Melodie leidet, wenn man ein falsches Tempo nimmt und falsch phrasiert. Wie kommt es, daß eine bestimmte Melodie, deren Ausdrucksgehalt oder Charakter festgelegt ist, nur durch ein bestimmtes Tempo (innerhalb gewisser Grenzen) richtig dargestellt wird? Wie ist es zu erklären, daß für jede melodische Gestaltung, sofern sie abgeschlossen ist, ein bestimmtes Tempo vorausgesetzt werden muß, das den Ausdrucksgehalt dieser Melodie adäquat zur Geltung bringt? Es sind formal-inhaltlich verschmolzene Momente, die uns die Antwort geben.

Man kann aber nicht vom Charakter ausgehen. Wenn man von Tempo und Charakter spricht, macht man einen logischen Zirkel: der Charakter steht ja noch nicht fest; er wird erst festgesetzt durch das Tempo. Wie entrinnen wir dem Dilemma, den richtigen Tempo-Begriff auf eine Größe zurückführen zu wollen, die den Tempo-Begriff in sich schließt? Wir machen uns diese Frage klar an Beispielen, die bei falscher Temponahme als Travestie aufzufassen sind. Als Beispiel diene der Anfang des Scherzos von Beethovens G-Dur Sonate op. 14,2:

Warum wäre hier ein langsames Tempo falsch? Als Antwort wird wahrscheinlich gesagt werden: weil es den Charakter nicht trifft. Das wäre also jener Zirkel! Richtig muß die Antwort lauten: Das langsame Tempo würde hier unlogisch wirken; und zwar deshalb, weil die harmonische Grundlage zu einfach ist; ferner, weil dem $^3/_8$-Takt ein eigenartiges Gepräge gegeben ist; es liegt in dem Motiv ein treibendes Moment; die Energie, die in dem kleinen Motiv steckt, fordert eine rasche Temponahme, welche die ihr innewohnende Energie logisch darstellt. Man wird sagen, diese Energie ist ja der Charakter der Melodie. Aber etwas anderes ist einmal der Energie-Charakter als Ausdruckscharakter und zum anderen das Erleben der Energie, das wir in den einfachsten Gebilden (in den melodischen, harmonischen Elementen, Schlußwirkung usw.) haben. So würde die Antwort dahin lauten, daß die Energie-Verhältnisse der melodischen Entwicklung nur innerhalb eines bestimmten Bereiches absoluter Schnelligkeit des vorherrschenden Klangfußes richtig und klar zur Darstellung kommen.

Man wird vielleicht einwenden: Es gibt eine Reihe von Themen, die sowohl langsam als auch schnell einen Sinn haben und auch tatsächlich verwendet worden sind, z. B. in Beethovens B-Dur-Sonate für Hammerklavier, op. 106

und dieselbe melodische Folge bei Schumann

Wie ist nun diese Doppeldeutigkeit des Themas zu erklären? Der Inhalt ist ein anderer, wenn das Thema schnell oder langsam gespielt wird; das ist bei jedem solchen Fall zu beobachten. Das Thema ist ja an sich überhaupt nicht sehr charakteristisch; ein solches Thema darf keine Momente enthalten, die mit absoluter Gültigkeit als schnell treibend gefaßt werden können. Das zweite Thema ist anders zusammengefaßt, die durch Punktierung zerlegte Halbe gilt als Zeitfuß. Bei anderer Zusammensetzung des Klangfußes muß auch das Tempo anders gefaßt werden.

Die Zusammenziehung von Klangbildern auf einen Klangfuß und dann die Temponahme können wir besonders beim Allabrevetakt beobachten. Eine Reihe von Allabreve-Themen macht in Wirklichkeit einen nicht raschen Eindruck. So beruht der unzweifelhafte Andante-Eindruck vieler als Allegro bezeichneter Sonatensätze Beethovens auf einer Überspannung der taktlich-rhythmischen Bewegungslinie durch die Motivbewegung. Zum Beispiel ist der erste Satz der Pastoralsonate (op. 28 in D-Dur) bekanntlich im 3/4-Takt notiert und mit „Allegro" überschrieben. Da jedoch die Einheit der Motivbewegung sich über je zwei Takte erstreckt und somit eine dem Allabreve verwandte Umbildung des 3/4-Taktes vorliegt, wird diese als Hebung und Senkung des zweifüßigen spondeischen Rhythmus' verstanden. Kaum eine rhythmische Ordnung ist so sehr geeignet, den Eindruck der Ruhe, ja der Unbeweglichkeit hervorzurufen wie der *spondeische*. Und so erleben wir auch in den ruhigen Klangreihungen des Beethovenschen Themas eine Wirkung, die sich am besten als idyllisch-pastoral bezeichnen läßt und nur durch die Unterteilung des Taktfußes in Triolenwerte einen gewissen Schwung erhält.

Mit der metronomischen Zeitmaßbestimmung ist noch nicht jener ästhetische Wert mitgegeben, der als Tempo bezeichnet werden muß. Der Begriff des musikalischen *Tempos* setzt sich vielmehr aus zwei verschiedenen Komponenten zusammen: aus dem absoluten Zeitmaß des zugrundeliegenden Klangfußes der Bewegung, das metronomisch festgestellt werden kann, und aus der Beziehung dieses Zeitmaßes auf die Schwergewichtsverteilung der melodischen Linie, die uns erlebbar wird. Diesen nur gefühlsmäßig gegebenen Gesamteindruck nennen wir das Tempo eines musikalischen Verlaufs im ästhetischen Sinn.

Die *Takte* teilen wir ein in Schreittakt und sogenannten hüpfenden Takt (das Wort „hüpfend" sagt etwas zu viel, der Ausdruck ist nicht gut für den Charakter der sprungweisen Betonung). In der Beethoven-Sonate ist, wie soeben gesagt, Gleichschritt der beiden Füße, also spondeische Betonung gegeben. Greifen wir auf das Beispiel von Mozarts A-Dur-Sonate zurück: Die melodische Gestalt wird auf einen Takt bezogen, der eine absolut leichte Bewegung darstellt. Wollte man an dieser Stelle nicht den $^6/_8$-, sondern einen $^3/_4$-Takt notieren, so würde ein ganz anderes Bild entstehen; denn auch eine Zusammenfassung von zwei Takten nach Art des Allabreve würde einen anderen Klangfuß ergeben. Wodurch unterscheidet sich der $^6/_8$-Takt als Takt von einem $^3/_4$-Takt? Es ist ein Betonungsunterschied des Klangfußes; ferner enthält der $^6/_8$-Takt einen hüpfenden Rhythmus.

Die Logik der einzelnen Taktarten, Tempoarten ist

viel zu kompliziert, als daß wir uns im Verlauf dieser Darlegungen auch nur ein ungefähres Bild davon machen könnten. Wir sehen wenigstens etwas: Diese logische Bedeutung der metrischen Gruppenbildung, der Phrasenbildung, wird vorausgesetzt, wenn wir die ästhetische Wirkung der Taktarten usw. in Betracht ziehen. Wir sehen die Begriffe Motiv, Tempo, Takt in einer eigentümlichen Verflechtung wirksam werden. Wenn wir Motive auffassen als selbständige Gruppen, so ist diese Bestimmung unabhängig. *Takt* ist Zeitdauer zwischen zwei Schwergewichten in der Motivbewegung. Diese Zeitdauer ist abolut nicht immer dieselbe. Bei musikalischen Entwicklungen, die den Sprachrhythmus als Träger haben, sehen wir Schwergewichtsverteilungen, die nicht in ein Taktschema gebracht werden können, weil der Rhythmus der Prosasprache uns nicht den Gefallen tut, in gleichen Zeitabständen seine Schwergewichte zu verteilen. Nur dann, wenn die melodischen Entwicklungen organisch aus dem Eigencharakter eines musikalischen Themas erfolgen, gelangen wir von selbst zu einer Gleichordnung jener motivischen Schwergewichte, zu einer Gleichordnung, die nachträglich durch Taktschemata und Taktstriche zum Ausdruck gebracht werden kann.

Denn die Bildung von *Phrasen,* rein aus dem Motiv heraus, unterliegt immer einem bestimmten ästhetischen Gesetz, einer *Proportionalität,* nämlich dem Gesetz der Symmetrie. Nehmen wir als Beispiel den Aufbau einer 8-taktigen melodischen Phrase; da gewinnen wir von der Phrase den Eindruck zunächst von der Entwicklung auf einen bestimmten Schluß hin, ferner den Eindruck einer Zentrierung der melodischen Entwicklung um einen bestimmten Melodiekern, endlich den Eindruck eines symmetrischen Verhaltens der einzelnen Teile aufeinander. Wenn wir Motive rein musikalisch organisch sich weiterentwickeln lassen, kommt es immer zu symmetrischen Formen. Dieses Verhältnis von Symmetrie können wir z. B. an guten und schlechten Walzern beobachten.

Und wenn diese Formen *Unregelmäßigkeiten* aufweisen, so beziehen wir diese Ausweitung, Verkürzung usw. immer auf ein regelmäßiges Schema, in Bezug auf das wir die Verlängerung oder Verkürzung überhaupt bemerken. Wir haben z. B. einen Überhang in der Melodie „Morgenrot".

Diese Form entnimmt ihre Struktur dem Text; der Überhang, der im Text vorhanden ist, führt auch zu einem Überhang in der musikalischen Gliederung. (Diese letzte Phrase wird beim Marschieren wiederholt, der Symmetrie-Notwendigkeit wegen.) Einer Asymmetrie im Volkslied wohnt in der Regel eine geradezu bewundernswerte Sinnhaftigkeit inne. Wenn derartige Elisionen auftreten, so müssen sie nicht immer textbedingt sein; sie können auch unmittelbar musikalisch gedacht sein. Wie steht es mit derartigen Beispielen und wie wirken sie? In dem berühmten langsamen Satz der Beethoven=Symphonie Nr. 5 liegt eine Asymmetrie der Motivbewegung vor. Dazu vergleiche man die Gestaltung in den Skizzen Beethovens: da ist die Melodie genau symmetrisch und wirkt geradezu banal. In der späteren Fassung greifen die einzelnen Abschnitte ineinander über, dadurch wird die Asymmetrie umgekehrt, auf einmal setzt eine rhythmische Umdeutung ein: zuerst immer trochäisch, dann Verlegung des Schwergewichts; in ihr liegt das Neue, Unerwartete, das durch das Ineinandergreifen der Motive gewonnen wird. Diese Elisionen sind teils eine Bereicherung des musikalischen Darstellungsvermögens, der Formgestalten, teils eine Bereicherung des Ausdrucks.

Musikalische Form ist Totalität aller Einzelgestaltungen melodisch=harmonischer, rhythmisch=metrischer und dynamisch=tonaler Natur. Was die Form dann als ganzes bezeichnet, ist überall mehr als die Summe der einzelnen Teile; sie ist ein plus an Erleben ebenso wie das rhythmische Erlebnis ein plus gegenüber der Regelmäßigkeit darstellt, das eben in der Konzentrierung liegt. Jede Form hat den Zweck, den Aufbau und die Entwicklung der musikalischen Gedanken um ein Zentrum zu gruppieren. Weil die Entwicklung in zeitlich verschiedenen Momenten gegeben wird, erfolgt die Gliederung der einzelnen Teile durch ein Mittel, das hervorragend geeignet ist, die einzelnen Teile klar zur Darstellung zu bringen, nämlich durch das Mittel der Symmetrie.

Form im engeren Sinn ist jene Gestaltbildung, die

sich aus dem Rhythmisch=Metrischen heraus ergibt. Zweiteilige Liedform z. B. ist eine rhythmisch=metrische Entwicklung von Vordersatz und Nachsatz. Die Bedingung Symmetrie steht so sehr im Vordergrund, daß jede Störung derselben erst verständlich wird im Hinblick auf die Abweichung von der normalen Form. Ein Beispiel haben wir soeben im Andante der 5. Beethoven=Symphonie kennengelernt. Ein anderes Beispiel ist Chopins Nocturno in g=Moll, mit dem eigentümlichen Eindruck der Unsicherheit, wie man die Zäsuren regeln soll.

Der Zäsuren=Umschwung wird wie im Beethoven=Beispiel erreicht durch Umlegung eines Schwergewichts, Umkehr in eine andere Messung. An diesen Beispielen sehen wir, daß ein gewisses Gefühl für symmetrische Entwicklungen als Leitlinie für die Auffassung mitgegeben ist. Das trifft auch in solchen Fällen zu, wo die Umdeutung nicht so leicht hervortritt, wie z. B. in der Fugenform. In Beethovens IX. Symphonie, 2. Satz in $^3/_4$, kanonische Behandlung des Themas, erscheint das Thema in der ersten Anlage als 4=taktig, in der weiteren Aufnahme vorübergehend als 3=taktig; hier handelt es sich nicht um kontrapunktische Technik, sondern um Ausdruck. In der Fugenform sind solche Abweichungen im Formenaufbau ein Hauptmittel zur Erreichung einer Wirkung der Abwechslung und Mannigfaltigkeit.

In der Zusammenfassung können wir nicht umhin, aus der Gemeinsamkeit der harmonischen, rhythmischen und formalen Gestaltung hinzuweisen auf gewisse Gesetzmäßigkeiten, die als ganz allgemeine Gesetzmäßigkeiten an den Aufbau und die organische Entwicklung der musikalischen Gedanken herantreten. Schon im Altertum finden wir sie in allen möglichen Formulierungen. Die Mannigfaltigkeit der künstlerischen Erscheinungen will, wenn diese ästhetisch wirksam werden sollen, vereinheitlicht werden; diese *Einheit in der Mannigfaltigkeit* realisiert sich in den verschiedenen Gestaltungsformen in verschiedener Weise: in der harmonischen Ausdrucksweise durch ein Zentrum der harmonischen Tonalität, in der melodischen durch ein Zentrum in der melodischen Tonalität; ebenfalls findet eine solche Zentrierung statt in der Einheit des rhythmischen Fußes.

Welches sind die Gesetze der musikalischen Formung im einzelnen? Die Prinzipien der logisch sinnvollen Weitergestaltung bestimmen eine innere Logik des organischen Gebildes. Was wir in der Musik als Formenlehre bezeichnen, hat mit der Ästhetik nur einen äußeren Zusammenhang. Die Formenlehre legt immer großen Wert darauf, bestimmte Schemata herauszuarbeiten, die sich von den lebendigen Tönen abheben lassen. Es ist keine einzige musikalische Gestaltung denkbar, in der nicht ein derartiges logisches Formschema herausgehoben werden könnte. Alles ästhetische Formen kann aber nur ein lebendiges in=

dividuelles Formen sein. In der Ästhetik gehen wir auf die *Formungs-Prinzipien* zurück.

Das primitivste Prinzip ist die *Reihung,* und zwar die einfache unmittelbare Repetition als solche (auf derselben Tonstufe), das nächste ist die *Sequenzierung* (Wiederholung auf verschiedenen Tonstufen). Diese Formen der Aneinanderreihung einfachster Gestalten sind ihrem ästhetischen Charakter nach abschlußlos, endlos; sie können an jeder beliebigen Stelle der Reihung abgebrochen werden. Es fehlt noch der Zusammenschluß zu einer höheren Einheit; beim ältesten Tanzlied solcher Art wird er durch den Singtext geschaffen.

Es liegt im ästhetischen Sinngehalt, daß diese gleichmäßige primitive Wiederholung durch eine Abwechslung unterbrochen wird: es tritt das Prinzip der *Variierung* hervor. Dieses ist wiederum nicht musikalisches Formschema, sondern nur Prinzip, das zu musikalischen Formschemata führt. Aber ihm liegt bereits ein ästhetisches Prinzip zugrunde, der Gedanke des Wechsels; es macht sich sinnvoll der Gedanke einer Mannigfaltigkeit innerhalb einer festgehaltenen Einheit geltend.

Die einfache unmittelbare Repetition hat ihre geschichtliche Wurzel im Tanz und in der volksmäßigen Lyrik. Der alte Tanz war aber vor allem ein Singetanz, Reigen mit Gesang; doch früh schon sind auch reine Instrumentaltänze bekannt. Aus Singetanz und volksmäßiger Lyrik ist zu erkennen, daß die einfache Repetition auch eine psychologische Wurzel hatte; die Wiederholung kommt auch „aus dem Hang zur Beharrung und der Freude des Doppelsagens". Nachdem hier auch Textgebilde hereinspielen, ergibt sich eine Bereicherung der Grundlage durch die Einführung eines weiteren Wechsels in der Gestaltung, durch die inhaltlich fortschreitende Strophe mit *Refrain*-Wiederholung. Die Aufgabe des Refrains wird darin gesehen, die in der Dichtung niedergelegte Grundstimmung an den Hörer zu vermitteln und festzuhalten. Und weil er seine besondere Bedeutung hat, kann er sehr wohl eine andere metrische Form als die laufende Darstellung haben, selbst eine andere Sprache als der Haupttext, wie z. B. das lateinische Sponsus-Spiel in den dort eingelassenen altfranzösischen Strophen zeigt. (In der alten Epik kommt noch eine andere Wiederholungsform vor, die in der Philologie als parallelistische Wiederholung oder besser als „Typisierung des Ausdrucks" bezeichnet wird: d. h. bei gleicher Situation wird die gleiche sprachliche Formung gebraucht. Diese Art der Wiederholung ist aber für die Musik ohne Belang, weil die alten Epen nicht gesungen, sondern rezitiert worden sind.)

So einfach das Prinzip der Reihung ist, so überraschend groß ist die Rolle, die es im Laufe der musikalischen Entwicklung gespielt hat: im alten Volkslied und Volkstanz, wie schon erwähnt; im Minnesang, der in der stark bevorzugten Spruchdichtung die Strophen verschiedenen Inhalts durch Verwendung einer gleichen Singweise zusammengeschlossen hat; in der lateinischen Sequenzgattung, die weltliche Sequenz ist ja aus der Sphäre des Tanzes hervorgegangen; in der klassischen Motettenform des 16. Jahrhunderts, die sogar ein sehr gutes Beispiel für Reihung großen Stils ist; ähnlich auch im Rondo, das in sich keinen notwendigen Abschluß hat, vielmehr wird der Schluß an einer bestimmten Stelle erzwungen. Die parallele Angliederung von Formen – für uns rein musikalisch nie ganz verständlich – finden wir charakteristischerweise auch überall dort, wo sich streng organisch konstitutive Formen in einem langjährigen Entwicklungsprozeß auflösen, z. B. in der musikalischen Romantik bei der Sonatenform und Durchdringung derselben etwa bei Schubert, verglichen mit der Sonatenform bei Beethoven; es geht neben der Form eine Auseinandergliederung von Gedanken her, die selbständig sind.

Das Prinzip der *Abgrenzung* garantiert einen höheren einheitlichen Formabschluß. Seinen schärfsten Ausdruck findet es in der musikalischen Kadenzierung. Die musikalische Kadenz ist etwas, das in den anderen Künsten nicht ihresgleichen hat. In der Kadenz summiert sich das Fühlen, das musikalische Erleben-wollen der ganzen Epoche. Gerade in den Kadenzierungsformen kann man die Stile, Zeiten, Künstler in einer geradezu seltenen Eindeutigkeit erkennen.

Ein viertes Prinzip ist das der *Steigerung*. Es gibt Gestaltungen, die prinzipiell auf Steigerung verzichten, und andere, die gerade auf die Steigerung als solche aufgebaut sind. Steigerungsformen im Harmonischen sind die Vorhalteformen als solche, die immer eine Erwartung in sich schließen. Steigerungsformen sind natürlich auch alle dynamischen Gegensätzlichkeiten, die Verschiebung des Schwergewichts durch Synkope und Sforzando. Steigerung ist ganz besonders die Konzentrierung der musikalischen Entwicklung gegen den Schluß hin, größten Stils in der Stretta am Aktschluß in der italienischen Oper, ebenso im Durchführungsteil der Sonate, in dem die einzelnen Themen frei verarbeitet werden.

Die Zahl der elementaren Formungsprinzipien ist sehr begrenzt. Die höheren Formungsprinzipien zeigen eine ungemeine Transparenz.

Ein sehr wichtiges Prinzip ist das der *Symmetrie*, der symmetrischen Anordnung. Bereits das 8-taktige Thema ist fraglos eine symmetrische Bildung. Die Neigung zur Regelung von Motiven durch symmetrische Bildungen ist überall da, wo die musikalische Form aus ihren eigenen organischen Momenten gebildet werden soll. Nicht vorhanden ist sie überall dort, wo die Entwicklung des musikalischen Satzes sich unmittelbar anschließt an die Rhythmik des gesprochenen Wortes, des Prosatextes, z. B. in der Motetten-Form.

Ein weiteres vornehmliches Prinzip ist das der *Zentrierung*. In allen musikalischen Gebilden ist ein höchst einfacher Gedanke wirksam, nämlich die Beziehung aller Akkorde auf ein gemeinsames Zentrum. Die Entwicklung geht dahin, immer mehr fremde oder fernliegende Akkorde und Tonalitäten in dieses Zentrierungs=Schema hineinzuzwingen. Sinn und Kern der Regerschen Modulationslehre ist, in das Schema der polaren Tonalitäten die weitest ausein=anderliegenden Akkordverbindungen durch logische Umdeutung hineinzuzwingen. Solche Zentrierungen haben wir nicht nur in der Harmonik, sondern auch in der Melodik, wo ein Ton als Hauptton heraustritt. Zentrische Formen gibt es auch im Gebiet der rhyth=misch=melodischen Gestaltung als solcher, z. B. die Thematik der Fuge, die Bedeutung des Leitmotivs. Das Zentrum des ganzen musikalischen Geschehens der Sonate liegt in der Durchführung der Themen.

Ebenso ist der *Kontrast* ein hochbedeutsames ästhetisches Mittel. In der Fuge sind sogar mehrere Kontraste unmittelbar gegeneinander gestellt in Thema und Kontrapunkt, Zwischenspielen und Durch=führungsabschnitten. In der Sonate konzentriert sich der Kontrast auf die beiden Themen; die Ausbil=dung der Kontrastierung zweier Themen stellt einen ungemein langwierigen und interessanten Prozeß dar, in dem sich die Bedeutungs=Erfassung dieses Sche=mas herauskristallisiert. Der Kontrast ist eine der höchsten Formen der ästhetischen Einheit, die eben Einheit in der Mannigfaltigkeit darstellt; der Kon=trast wird als eine besonders starke und deutliche Folge von Wechsel, Veränderung aufgefaßt.

Alle diese Prinzipien sind voneinander unabhän=gig und in ihrer Kombination ungeheuer variabel. Obenan steht das Prinzip der *Einheit in der Man=*

nigfaltigkeit. Alle Formen, alle geformten Inhalte lassen sich auf dieses zurückführen: der Begriff der formalen Schönheit bezieht sich auf die formale Wohlordnung als solche; er verlangt dazu auch Einheit des sinnlichen Eindrucks und des formalen Aufbaus. Vom Ausdruck kann ich nicht behaupten, daß er schön sei; er ist wahr oder unwahr, er kann charakteristisch oder uncharakteristisch sein, aber schön ist er nicht. Dieses Moment der formalen Gestaltung in einer anschaulichen Totalität ist ein Moment, das in der Stilkritik eine entscheidende Rolle spielt. Alle Stile nehmen zu diesem Prinzip Stellung.

Im Laufe der Musikgeschichte wechselt aber diese Stellung zur ästhetischen Bewertung der Form-Einheitlichkeit dauernd. Wir haben Perioden, in denen diese Geschlossenheit durchaus oder nahezu ausschließlich im Vordergrund der ganzen ästhetischen Bewertung steht. Es sind dies die Perioden der *positiven Formbildung,* in denen an der Ausformung, an der Architektonik möglichst eigenartiger und eigenständiger neuer Formen als solcher wesentlich gearbeitet wird. Die Perioden, die das Ziel erreichen, werden im allgemeinen als „klassische" bezeichnet; hier sind dann aus komplizierten Mannigfaltigkeiten die höheren Einheiten gewonnen. Als Beispiele verweisen wir auf das Cantusfirmus-Lied bei Senfl, die Da-capo-Arie bei Scarlatti, die Fugen bei Bach, die Sonate bei den Wiener Hochklassikern.

Es gibt auch Perioden, die umgekehrt auf die *Zerschlagung der Form* hinarbeiten, die Form wieder auflösen. Und zwar geschieht dies überall in einer doppelten Art: einmal durch Zurückgreifen auf kleine Formen, vielfach in einfacher Reihungsform, so in der Frühzeit des Generalbaß-Stiles, auch in der Klaviermusik der Romantiker; ferner geschieht dies durch Typen einer charakteristischen Überformung: man vergleiche da wiederum Beethoven und Schubert; so muß z. B. auch die Brucknersche Überformung, die zu einer schwer zu überschauenden Vereinheitlichung führt, von einem bestimmten ästhetischen Standpunkt aus, d. i. vom Standpunkt der Einheit der Form, als ein Wertrückgang aufgefaßt werden. Die Zerschlagung der Form kann aber hinwieder ihre Rechtfertigung finden in dem Moment des Ausdrucksgehaltes. Eine überstarke Betonung des Ausdrucksgehaltes führt sehr leicht zu neuer Zerschlagung der rein musikalischen Form; das sehen wir u. a. in der Programm-Musik. Bezüglich der Formungsfrage besteht also in diesem Gegensatz zwischen klassischer und nichtklassischer Periode offenbar eine Diësis.

Jedem unserer großen Formtypen – Lied, Sonate, Fuge – muß als ästhetisch wirksame Seite eine ganz bestimmte *Bedeutung* zukommen. Die Bedeutung der Form, die wir als Fugenform kennen, ist dadurch bedingt, daß die Imitation desselben Themas durch alle Stimmen einen Bedeutungsgehalt haben muß. Die Sonatenform hat ausgesprochen dramatischen Charakter; Themen oder Thementeile oder Umgestaltungen von ihnen werden in strenger oder freier Nachahmung gegeneinander geführt, Affekte setzen sich durch. Ist in der Fugenform ein Ähnliches? Der Gegensatz in der Fuge bedeutet nicht inhaltlich einen bestimmten Gegensatz, sondern ein ornamentales Auslaufen des Themas; er ist ein rein formaler Kontrast, der die Mannigfaltigkeit in der Einheit sichern will, aber nicht ein Gegensatz, der eine dramatische Spannung birgt. Die Fugenform ist wohl episch zu fassen, Gedanke wird an Gedanke angeschoben. Das eine könnte dagegen eingewendet werden: Unsere Fugenform weicht von der reinen Motettenform, der reinen Epik dadurch ab, daß sie sich auf zwei musikalische Hauptgedanken (Thema und Kontrapunkt, bzw. Zwischenspiel) beschränkt. Gewiß lassen sich auch bei Bach Beispiele finden, wo in die epische Form dramatische Momente hineinkommen. An sich aber ist die Fuge episch gedacht.

Diese Erörterungen bilden den Ausgang für das, was wir als Ausdruckserfassung der Form behandeln. Wenn diese Formen verstanden sind, steht nicht mehr ein Schema vor uns, sondern die Abstraktion von wesenhaft gewordenen Gedanken, die allgemeiner ästhetischer Natur sind, die am typischsten für die Zeitkünste heraustreten, aber auch für Raumkünste gültig sind.

6. KAPITEL

Musik als Ausdruck seelischen Lebens

Einige Ausdrucksprobleme haben wir in ihrem historischen Zusammenhang bereits in der Einleitung behandelt, z. B. das Verhältnis von Ausdruck und Form, die Stellungnahme Kants und Herders. Nun gehen wir systematisch, rein phänomenologisch vor.

Was ist *Ausdruck?* Das muß zuerst geklärt werden. Ausdruck ist die Äußerung irgend eines Psychischen in einem sinnlichen Mittel; und zwar besteht zwischen dem sinnlichen Mittel, das als Zeichen dieses Psychischen aufgefaßt wird, und dem Psychischen ein gegenseitiges Verhältnis derart, daß ein nicht wahrnehmbarer psychischer Inhalt in dem sinnlichen Zeichen uns erkennbar wird. Die Töne, Tonfolgen, das musikalische Kunstwerk als solches sind an sich schon ein wahrnehmbarer psychischer Inhalt. Der Ausdruck aber, der dem Tonwerk eigen wird, ist nicht wahrnehmbar außer durch das Zeichen jener musikalischen Form und Anordnung durch das sinnliche Mittel der Töne. Die Beziehung also, daß ein an sich zunächst nicht wahrnehmbarer psychischer Inhalt durch einen wahrnehmbaren als dessen Zeichen geäußert wird, macht das Wesentliche jeden Ausdrucksverhältnisses aus. Betrachten wir etwa das Mienenspiel eines Menschen oder irgendeine Tätigkeit eines Menschen, aus denen wir auf seinen psychischen Zustand schließen; auch in dieser Äußerung liegt das Wesentliche des Verhältnisses darin, daß psychische Zustände, Erlebnisse, die an sich für uns immer verschlossen bleiben müßten, durch bestimmte sinnlich wahrnehmbare Tatsachen als deren Zeichen uns offenbar werden.

Auf die Frage, wie dieses Ausdrucksverhältnis zustande kommt, auf diese Grundfrage des Ausdrucksproblems wollen wir erst am Schluß dieser Partie der Ausführungen eingehen.

Wir sind gewöhnt, das Verhältnis von Seelischem und Körperlichem als „innen" und „außen" zu bezeichnen; darum können wir sagen, das Seelische „äußere sich" in wahrnehmbaren Zeichen. Das Ausdrucksmittel fungiert als Zeichen des Psychischen, z. B. Tränen als Zeichen von Traurigkeit, brechende Stimme als Zeichen von Ergriffenheit.

Es ist zu unterscheiden zwischen fixierten und nichtfixierten *Zeichen*. Die Ausdrücke, wie sie in der Sprache oder in den künstlichen Zeichen (etwa der Mathematik und Chemie) verwirklicht sind, sind fixierte Zeichen; ihre Bedeutungen stehen fest, sind durch Konvention oder Tradition mit dem Bedeutungsinhalt assoziativ verbunden. Das gleiche gilt für die Notenwerte, Notennamen, Notenzeichen, in denen wir schriftlich oder mündlich die Tonverbindungen festhalten; auch für die musikalischen Begriffe und Termini, in denen wir ihre Zusammenhänge fassen; sie sind fixierte Zeichen. Jedoch den mannigfaltigen Modifikationen des Stimmtones, welche die mündliche Mitteilung des Satzgedankens begleiten, den Ausdrucksbewegungen, die in der sprachlichen Mitteilung auftreten, kann ich nur für den einzelnen Fall den seelischen Zustand des Mitteilenden direkt entnehmen oder vielleicht aus dem Satzgedanken indirekt erschließen; sie entbehren der Fixierung. Mit ihnen haben die Töne, soweit sie Ausdruck sein sollen, den Mangel der Fixierung völlig gemein.

Fremdes psychisches Leben erfassen wir nicht unmittelbar wie unser eigenes, sondern aus Zeichen nach Analogie unseres Seelenlebens. Daß wir nun fremdes Seelenleben erkennen, bewirken vor allem zwei Faktoren, die sich gegenseitig durchdringen, Erfahrung und Intuition. Assoziation, im engeren Sinn die Ideen-Assoziation (gesetzmäßig eintretende Verbindung gleichartiger psychischer Vorgänge) bildet das verknüpfende Band zwischen Zeichen und Bezeichnetem. Woran erkennen wir an dem Gesicht, daß jemand traurig oder zornig oder ergriffen ist? Dies wissen wir aus eigener Erfahrung. Dieser Analogieschluß hat zweifellos seine Berechtigung. Er trifft aber nicht das, was im musikalischen Ausdruck gegeben ist. In der Musik sind solche Assoziationen wirksam, in denen wir das Wirken eines inneren Zusammenhangs ahnen. Für die Erfassung musikalischer Ausdrucksinhalte kommt die Mitwirkung der Erfahrung so gut wie ganz in Fortfall; die Leistung der intuitiven Zusammenfassung erhält ein Übergewicht über das rein assoziative Moment.

Als Ausdruck im ästhetischen Sinn ist die Erscheinung zu bezeichnen, in der die Äußerung des Seelischen unmittelbar anschaulich ist. Das Moment des Ausdrucks ist auf das Anschaulichkeitsverhältnis beschränkt. Wo ich erst suchen muß, da bin ich eigentlich schon außerhalb der ästhetischen Sphäre. Das eigentümliche Phänomen, in dem wir ästhetisch den Ausdruck erfassen, ist das unmittelbare anschauende Verstehen.

Wie ist uns der musikalische Ausdruck gegeben?

Die Gebilde musikalischen Ausdrucks in der musikalischen Form sind ganz und gar nichts Allgemeines. Der Ausdrucksgehalt eines musikalischen Stükkes ist etwas sehr *Konkretes,* so daß man es mit den Mitteln der Sprache gar nicht treffen kann. Wenn ich von einer Melodie sage, sie ist traurig, so führt uns diese sprachliche Formulierung zunächst auf ein falsches Geleise. Wir meinen nämlich jene Trauer, die hier musikalisch ausgedrückt ist. Schopenhauer sagt: die Musik drückt die einzelnen Stimmungen in der „absolutesten Unbestimmtheit aus, nicht diese oder jene einzelne und bestimmte Freude, diese oder jene Betrübnis, oder Schmerz usw., sondern die Freude, die Betrübnis, den Schmerz usw. selbst, gewissermaßen in abstracto". Die Sache liegt jedoch anders: allgemeine Gefühle gibt es nicht; es gibt nicht das Gefühl „die" Freude, „die" Trauer. Freude und Trauer drücken nur allgemeinste Richtungen aus. Aber in der Musik ist eine ganz bestimmte Eigenart enthalten, die ich nicht in Worte und Begriffe bringen kann.

Wenn der Dichter „ich" sagt, etwa „Ich ging im Walde so für mich hin", würde es eine unglaubliche Geschmacklosigkeit sein, sich in einer bedeutungserfüllten Phantasie den Herrn Geheimrat von Goethe im Walde spazierend vorzustellen. Dies ist unmöglich schon deshalb, weil der Dichter und Künstler überhaupt, wenn er von seinem „Ich" spricht, immer selbst eine Abstraktion vornimmt, bald diese und bald jene Seite seines konkreten psychischen „Ichs" heraushebend und die übrigen Seiten vernachlässigend. Die mannigfachen Spielarten dieser Ich=Abstraktion, Typen des poetischen Ich=Begriffs, stellen *abstrakt=reale* Seiten am Ich des schaffenden Künstlers dar. Überhaupt, verlegen wir die Ausdrucksinhalte von Musik nicht als Gefühls= oder Vorstellungsinhalte in die Autoren! Wenn wir bestenfalls den Autor noch in den Kunstgenuß hineinziehen, so fragen wir höchstens, ob er diesen oder jenen Inhalt im Tonstück gemeint habe, nicht aber, ob er ihn selbst erlebt oder wie er ihn erlebt habe. Letzteres ist eine Frage der interpretierenden, historisch=psychologischen Realforschung, nicht aber des künstlerischen Genusses.

Ja, wir könnten genauer eine Dreiteilung der möglichen In=Beziehung=Setzung des Ausdrucksinhalts zum Autor vornehmen: 1. Der naive Kunstgenießende hat zunächst den Inhalt an sich zum Objekt, ohne Rücksicht auf dessen Herkunft und ohne Beziehung zu einem den Inhalt Ausdrückenden. Für ihn ist der Autor bis zu einem gewissen Grad gleichgültig; es genügt ihm, daß hinter dem Mitgeteilten eine Seele, im allgemeinen eine menschliche Seele steht. – 2. Die Interpretation des Kunstwerkes, die sich die richtige, d. h. die der Meinung des Autors entsprechende Erfassung des Ausdrucksgehaltes zum Ziel setzt, zieht die Intention des Künstlers als Kriterium in den Kreis ihrer Untersuchung. Sie verläßt damit den Boden der rein ästhetischen Verhaltungsweisen, indem sie „forscht", d. h. durch Heranziehung indirekter, nicht unmittelbar erlebbarer Beziehungen der Wahrheit näher zu kommen sucht. Sie versetzt sich in den Geist der Zeit und der Persönlichkeit, die sie aus anderen Zusammenhängen schon kennt; kurz, sie sucht den Ausdrucksgehalt neben dem rein ästhetischen Erleben auch aus historischem Wissen zu begreifen. – 3. Die psychologische Analyse eines Kunstwerks, des schaffenden Künstlers, stellt sich die Aufgabe, über das „Was" der objektiven Gehalte hinaus das „Wie" ihrer Entstehung oder Realisierung in einem Subjekt zu untersuchen. Sie sucht aus dem real-abstrakten Ausdrucksinhalt die konkreten, in ihm nicht direkt enthaltenen Vorgänge bei der Realisierung bis zu einem gewissen Grad zu ergänzen. Sie tut dies, soweit es nötig ist, um in die für das Verständnis wesentlichen konkreten Prozesse künstlerischer Ausdrucksbeziehung einen Einblick zu erlangen.

Den Gegensatz der letzteren Betrachtungsweise zum rein ästhetischen Erleben des Ausdrucksgehaltes macht uns der Vergleich mit dem Erleben des „echten" Beethoven klar. Den echten Beethoven vermag auch der Laie aus dessen Werken herauszufühlen, der von des Meisters konkreter Persönlichkeit und Lebensgeschichte nichts weiß, somit weder historisch noch psychologisch dem Kunstwerk näher zu kommen imstande ist. Unmöglich aber kann er jenen Inhalt aus dem Anhören eines einzigen Werkes entnehmen. Er muß erst in einer Reihe von Tonstücken des Meisters immer wieder dieselben oder doch einander innerlich verwandten Inhalte erlebt haben, und zwar Inhalte von solch charakteristischer, sich von andern abhebender Eigenart, daß er sich gezwungen fühlt, sie auf ein ganz bestimmtes individuelles Seelenleben als deren reale Unterlage zu beziehen. Wenn er so durch Abstraktion ein Gemeinsames in dem Werk erfaßt, wird er diesen gemeinsamen Inhalt mit dem abstrakten Inhalt der Psyche dessen, der sich in ihnen ausspricht, zur Deckung bringen. Er versteht unter dem echten Beethoven zunächst einen gänzlich abstrakten, jedoch realen Inhalt, während der psychologische Analytiker die konkrete Realität von des Meisters Persönlichkeit zu fassen sucht.

Was wir somit als Ausdrucksinhalte der Musik erleben, sind nicht die konkreten Seeleninhalte dieser oder jener Person, im besonderen weder diejenigen des reproduzierenden noch die des schaffenden Künstlers. Andererseits bezeichnet das Motiv seine Inhalte niemals im allgemeinen, nie Trauer oder Freude schlechthin oder eine Frage (Kundgabeform) an sich, sondern eine bestimmt nuancierte Frage, eine individuell umrissene Form von trauriger oder freudiger

Stimmung. Die Inhalte der Motive sind *abstrakt=reale,* individuelle Inhalte, solange wir uns im Erleben des musikalischen Ausdrucks auf sie richten.

Die musikalischen Gehalte schließen ein eigentümliches Element in sich. Was ich als musikalischen Ausdruck erfasse, gehört nicht zu mir. Aller musikalische Ausdrucksgehalt hat die Eigentümlichkeit, in all dem, was Stimmung ist, in einer eigenartigen *Distanz gegenüber dem erlebenden Ich* zu stehen. Die Meinung ist falsch, daß diese Inhalte als Erlebnisse des eigenen Ichs aufgenommen und dann in den Gegenstand projiziert würden. Ich kann mich durch Musik traurig stimmen lassen, beruhigen lassen usw. Darauf hat die antike Musiktheorie ihre Lehre des Ethos in der Tonkunst aufgebaut. Sie hat hierbei den Ausdruck mit dem Eindruck verwechselt; es wird verkannt, daß zwischen dem Erleben eines ästhetischen Ausdrucksgehaltes und dem realen Erleben der betreffenden Stimmung eine unendlich weite Kluft besteht. Jede Beziehung auf Realität ist primär ausgeschlossen.

Dieser Ausschluß ist oft dahin *mißverstanden* worden, als ob es sich um Nicht=Wirklichkeiten, also um *Scheingebilde* handle. Wenn es auch der Phantasie bedarf, um in der Musik Ausdruck seelischen Lebens zu vernehmen, wäre es doch eine irreführende Behauptung, daß der ihr entnommene Inhalt nur das Produkt der freien Phantasie, die Musik also ein Spielzeug der Einbildung sei. Es geht nicht an, den abstrakt=realen oder idealen Gehalt dessen, was dem Genießenden aus dem Kunstwerk entgegentritt, an sich mit „Schein" identifizieren zu wollen. Die Musik drückt einen real=abstrakten Sachverhalt aus; er ist „wirklich". Im Ästhetischen kann ich eben nicht zwischen real und nicht=real unterscheiden. Die ästhetischen Gefühle sind nicht reale Gefühle meiner eigenen seelischen Verfassung, sondern sie sind real=abstrakte Gebilde, die jenseits der Unterscheidung von real und ideal stehen.

Nun führen wir die Frage weiter: Wie und in welcher Weise ist uns in den sinnlichen Zeichen der Töne, der Tonfolgen des gesamten musikalischen Kunstwerkes ein Psychisches gegeben? Hier können wir anknüpfen an Erörterungen, die wir in den vorigen Kapiteln über den sinnlichen musikalischen Eindruck durchgeführt haben. Jeder Teil eines komplizierten Aufbaus eines musikalischen Kunstwerks, jedes einzelne Stadium dieses Gestaltungsprozesses ist an sich fähig, Träger irgendeines derartigen psychischen Gehaltes zu werden. Von den primären Einwirkungen der Klangfarbe bis hinauf zu den kompliziertesten Strukturen musikalischer Formen und Formtypen können wir uns psychologische Erlebnisse und Gehalte gebunden denken, welche die Bedeutung sinnlich wahrnehmbarer psychischer Vorgänge haben. So liegt schon in den Grundfaktoren des sinnlichen Eindrucks der *Übergang zum Ausdruck.* Der sinnliche Eindruck ist in unseren früheren Darlegungen zunächst in bestimmten sinnlichen Charakteren festgehalten worden: dumpfe Töne, spitze Töne usw., auch das Hereinziehen von Empfindungen anderer Sinnes=

gebiete in das musikalische Hören bildet eine Übergangsstufe vom sinnlichen Eindruck zum Ausdrucksgehalt. Wir haben verfolgt, daß in der Behauptung, „diese Klänge wirken für mich erregend oder beruhigend usw." psycho-physiologische Wirkungen getroffen sind und daß diese unmittelbar auch unter einem anderen Gesichtspunkt betrachtet werden können. Wir brauchen nur einen Moment die *Einstellung*, die das Musikalische in uns zu erzielen vermag, umzuändern in eine Auffassung, die einen ganz anderen Charakter trägt. Wenn wir sagen, dieses Motiv „wirkt" auf mich erregend, so schreiben wir ihm einen bestimmten Reiz zu. Wenn wir sagen, in diesem Motiv „steckt" Erregung, Spannung, dann nehmen wir eine charakteristische Umstellung vor; wir projizieren einen Wirkungseindruck, den wir in uns erleben konnten, wieder in diese musikalische Gestalt hinein; wir fassen dieses Erregtsein, Beruhigtsein usw. als eine Eigenschaft, als einen psychischen Inhalt des Motivs oder der Motivbewegung auf. Das heißt, wir erleben diese Inhalte, die in dem einen Fall Eindruckswirkungen sind, im zweiten Fall als Gehalte, als Beschaffenheiten des musikalischen Gegenstandes; das heißt, wir *objektivieren* in diesem Fall Eindrücke. Unsere Einstellung ist eine eigentümliche. Wir können dieselbe Einstellung z. B. Farben gegenüber haben; also etwa, dieses Rot ist ein erregendes Rot, dieses Blau ein beruhigendes Blau. Schon in der Sprache wird diese Umstellung der Einwirkungsbewegung ausgedrückt, wenn man sagt: dieses Blau wirkt beruhigend, dieses Blau ist beruhigend; dieses Motiv wirkt spannend, dieses Motiv ist spannend. Diese Eigenschaften, diese Übertragung von Eigenschaften, diese Charaktere sind Gehalte sui generis, die mit gar keinen anderen Eigenschaften verglichen werden können. Dieses Erlebnis eines Charakters ist ein ästhetisches Erlebnis sui generis. Wir geben in einer derartigen Charakteristik dem musikalischen Inhalt eine ganz bestimmte affektive Qualität.

Es ist das Eigentümliche allen ästhetischen Ausdrucks, daß das ästhetische Ausdrucksverständnis sozusagen beim Lebenden nicht stehen bleibt. Dieses beginnt da, wo die Realität des dahinter liegenden Seelischen gar keine Rolle mehr spielt. Das ist das Typische der ästhetischen Ausdruckserfassung, daß unmittelbar in der Anschauung immer bestimmte Seiten der Erscheinung es uns erlauben, derartige seelische Deutungen als solche vorzunehmen, und besonders nicht etwa als aktive und willkürliche Deutungen zu verstehen, sondern als etwas, was ich unmittelbar erfasse. So kommen wir wieder auf den Standpunkt, daß gerade in dieser Ausdruckserfassung eine Art von eigentümlicher objektiver Offenbarung einer Erscheinung vor uns liegt.

Die Ausdrucksaspekte

1. *Charakter.* Aus der täglichen Erfahrung ist es ganz und gar geläufig, daß man einem Motiv usw. kurzerhand einen „Stimmungs"-Gehalt irgendwelcher Art zuschreibt. Man sagt: die Melodie, das Mo-

tiv „ist" heiter oder ernst oder sehnsuchtsvoll, „ist" kirchlich, volkstümlich usw. Man drückt es auch so aus: in dem Motiv, in der Melodie „liegt" Freude usw. Solche „Eigenschaften", wie man gewöhnlich sagt, übertragene Eigenschaften, die man dem Motiv zuschreibt, werden in der Psychologie als „Charaktere" bezeichnet, und sie werden den „uneigentlichen Qualitäten" zugezählt. Das Wesentliche daran ist, daß wir sie als mit dem Gegenstand untrennbar verbunden auffassen, daß das Psychische mit dem sinnlichen Eindruck einfach mitgegeben ist. Hierbei ist an die Grundtatsache zu erinnern, daß der Erlebnis-Charakter der Heiterkeit etwa einer Farbe, eines Tones, Motivs usw. und meine heitere Stimmung wesensverschiedene Erlebnisse sind.

Unter der Sammelbezeichnung des Ausdruckserlebnisses begreifen wir eine Reihe von untereinander sehr verschiedenen Erlebnissen, die das eine gemeinsam haben, daß in der sinnlichen Erscheinung ein Psychisches auftritt. Immer wo sich uns eine neue und eigenartige Form des Erlebens jener Inhalte aufdrängt, genügt diese deskriptiv zur Abgrenzung eines besonderen Aspektes. Wir stellen folgende Aspekte fest: Charakter- und Stimmungserlebnis, Charakteristik, Kundgabeerlebnis, Bewegungs- und Vorgangserlebnis, Situationsbild und Sphärenerlebnis. Von ihnen gehören die ersten drei Aspekte vorwiegend der Gefühlssphäre an, die drei folgenden vorwiegend der Sphäre von Bewegungsempfindung und Bewegungsvorstellung, die beiden letzten in der Hauptsache den Sachvorstellungen und Gedanken. Eine genaue Abgrenzung der Aspekte nach den in ihnen auftretenden Bewußtseins-Inhalten ist jedoch nicht möglich.

Wenn wir ein Motiv als „ruhig, sonnig, innig, verhalten“ usw. bezeichnen oder von Erregung, Spannung, Abgeklärtheit, Freude, Pathos usw. sprechen, so ist hiermit ein Psychisches selbst eine Qualität des sinnlichen Reizes, des Motivs; dem sinnlichen ist ein psychischer „Eindruck“ zugeordnet. Das Erlebnis steht gerade eben auf der Schwelle von der Eindrucks- zur Ausdruckserfassung. Über den sinnlichen Eindruck geht es hinaus, sofern das, was in der Form eines Eindrucks hier mitgegeben erscheint, darin objektiv nicht vorhanden sein kann; es ist noch kein Ausdruckserlebnis im eigentlichen Sinn, sofern der sinnliche Eindruck keineswegs als Mittel erfaßt wird, sondern vollen Eigenbestand hat. Eben in dieser ungeklärten Unentschiedenheit liegt die Eigenart des Charaktererlebnisses. Es vermittelt uns in primitivster Weise eine unmittelbare Beziehung zwischen sinnlichem Element und Seelischem.

Ein Volkslied illustriert dies beispielsweise am besten. Es ist meistens entweder fröhlich oder traurig oder froh mit einem gewissen wehmütigen Unterton und was derartige feinere Nuancierungen mehr sind. Die Melodie hier hält in ihrem Verlauf die einmal eingeschlagene Stimmungsrichtung fast immer ein, diese mehr oder weniger scharf ausprägend und variierend. Es will nicht mehr geben als dies; oder vielmehr recht betrachtet, es will überhaupt noch nichts „geben", nichts ausdrücken. Der Reiz seiner einfachen Melodie liegt gerade darin, daß das Seelische daran in die sinnliche Gegebenheit der Töne eingeschmolzen erscheint und ganz ungewollt aus ihr herauswächst. Auch das Kirchenlied, der Liedchoral hat einheitlichen Charakter, keine Stimmungsentwicklung. Einen der seltenen Fälle, wo auch eine Entwicklung ist, haben wir im Lied „Mein Gmüt ist mir verwirret", verwendet für „O Haupt voll Blut und Wunden".

Eine größere musikalische Form wird sich mit solcher Art der Beseelung selten begnügen. Sie wird zum mindesten verschiedene Charaktere verbinden oder in Gegensatz zueinander treten lassen; sie wird damit ein Stimmungsgeschehen einleiten, das im allgemeinen nicht mehr rein als qualitative Beigabe des sinnlichen Eindruckes zu erfassen ist.

Wollen wir uns die Aufgabe stellen, zu einer bestimmten Melodie den Charakter derselben in kürzester Weise festzulegen! Nehmen wir z. B. wieder die Melodie „Morgenrot"; sie hat offenbar einen ganz einheitlichen Charakter. Besonders charakteristische Beispiele enthält „Enoch Arden" in der melodramatischen Vertonung von Richard Strauß: Bei der Stelle „spielten am Strand drei Kinder dreier Häuser" werden diese drei Personen musikalisch charakterisiert: Annie als weiblich kokett mit einem Stich ins Sentimentale, Philipp als lebhaft und weich, Enoch Arden als energisch, zwiespältig mit starken Spannungen; dabei ist zu beachten, daß diese drei Zeichnungen unmittelbar nebeneinander stehen. R. Strauß hat in den drei Themen außerordentlich viel auf kürzestem Raum ausgedrückt. Was hier vorliegt, ist eigentlich schon eine Verengerung von Charakteren. Gleichsam rückschauend ein anderes Beispiel: Mozarts „Veilchen", naiv erzählend. Sehen wir uns hier auch gezwungen, diese Stelle auf einen ganz bestimmten Charakter, eine bestimmtere Persönlichkeit hinzuprojizieren, ihr einen eindeutigen Charakter zu entnehmen? Vergleichen wir dazu Beethovens E-Dur-Sonate op. 14 Nr. 1, zweiter Satz!

2. *Stimmungserlebnis.* Wenn das Psychische mit dem sinnlichen Eindruck nicht mehr bloß mitgegeben ist, sondern dem Sinnlichen übergeordnet wird, d. i. wenn das Motiv usw. als Zeichen eines dahinter liegenden Seelischen erfaßt wird, dann entsteht für die Musik ein neuer Tatbestand; nun nehme ich eine andere Einstellung ein; das Tongebilde, das Motiv, das ich als heiter bezeichne, kann für mich zum Ausdruck von Heiterkeit werden. Wir sehen, auch die musikalische Zeichenfunktion kann mehrdeutig sein. Wenn wir Stimmungen finden, so zeichnen sich diese gegenüber den Charakteren durch ein Moment der zeitlichen Gegebenheit aus; sie sind momentane Zeichen von Seelischem und können von der Zeitlichkeit nicht abgetrennt werden. Es bestehen natürlich auch zwischen Charakter, Charakteristik und Stimmung fließende Übergänge; oft ist es schwer zu sagen, welcher Ausdruck der adäquateste ist.

Wir stehen hier an dem Punkt, wo der Ton, das

Motiv und die Musik überhaupt eine *Sprache* werden, wo sie dieselbe Funktion unmittelbar auszuüben befähigt wird, die das Wesen der Sprache kennzeichnet: die *Zeichenfunktion.*

Diese musikalischen Stimmungen sind wiederum in verschiedener Weise gegeben. Dieses Zeichen-sein eines seelischen Gestimmt-seins kann genau wie das Zeichen-sein von gesprochenen Worten eine verschiedene Funktion erfüllen, einen verschiedenen Sinn haben. Denken wir: wir haben einen gesprochenen Satz, aus dem wir die Stimmung jener Person entnehmen, die den Satz ausspricht; aus der Art des Tonfalls usw. entnehmen wir, wie diese Person den Satz kundgibt. Wir können noch einen anderen Satzinhalt entnehmen. Wenn wir den Inhalt eines Gedichtes wiedergeben, in dem eine Stimmung niedergelegt ist, so ist das nicht eine Kundgabe, sondern Darstellung einer *Stimmung,* Darstellung von gedanklichen oder gefühlsmäßigen Inhalten. Dieser Unterschied spielt auch in der Wiedergabe musikalischer Stimmungen eine hervorragende Rolle, die leider in den ästhetischen Betrachtungen der Musik immer übersehen worden ist.

a) *Stimmungsdarstellung.* Dem Charakter-Erlebnis steht am nächsten die Darstellung von Stimmungen durch Töne, durch ein Motiv, man könnte noch deutlicher sagen die Abbildung von Stimmungen. Wenn wir beim Charaktererlebnis das Motiv unterordnen, so haben wir hier die Unterordnung von Nachbildung zum Urbild. Dieses Urbild, die Stimmung, existiert für uns objektiv als Gegenstand, losgelöst vom Motiv. Während im Charaktererlebnis die Verselbständigung des stimmungsmäßigen Teils intendiert ist, ist sie in der Darstellung vollzogen; natürlich bestehen auch Übergänge von dem einen Aspekt zum anderen.

Daß der Träger nur ein menschliches Wesen sein könnte, brauchen wir uns im Moment der Ausdruckserfassung gar nicht bewußt zu werden. Man hat in einer Metaphysik der Musik des öfteren von einem kosmischen Träger der musikalischen Stimmung gesprochen, wie in unserer historischen Darstellung im Anschluß an Schopenhauer, Karl Grunsky und Kurt May ausgeführt wurde. Hiermit ist die Unbestimmtheit und Allgemeinheit des Stimmungsträgers gekennzeichnet. Doch darf man nicht in den Fehler fallen, dieselbe als einzige Form musikalischer Stimmungserfassung hinzustellen. „Es freut sich", sagt die Musik, „Freude ist da"; damit ist gleichnishaft ein Bild der Gemütsbewegung „Freude" gegeben, und zwar jeweils einer ganz bestimmt gearteten Freude, deren Nuance oft in Worten kaum wiederzugeben ist. So erklärt sich, daß wir komplizierte Stimmungen, z. B. Resignation, nicht auf entsprechende Gefühlscharaktere zurückzuführen vermögen. Die eigentlichen und reinen Gefühlscharaktere sind geradezu allgemeinste Stimmungsweisen oder Stimmungsrichtungen, die aus einer Summe von Komponenten zusammenfließen können, wie „traurig" in seinen sehr verschiedenen Färbungen von verhaltener bis zu schmerzlich verzweifelter Trauer. Die komplizierten Stimmungen hingegen sind erst im Zusammenhang bestimmterer Tonbewegungen zu erfassen; sie deuten darum mehr auf einen bestimmten Zustand, auf ein individuelles Gestimmt=sein hin.

b) *Stimmungskundgabe.* Nun haben wir zu besprechen, daß die aus dem Motiv entnommene Stimmung sich dem Hörer im Motiv zu äußern scheint. Die Töne treten uns wie ein besonderes Symptom, eine Geste oder Ausdrucksbewegung für die betreffende Stimmung entgegen.

Den Unterschied zwischen Darstellungs= und Kundgabe=Funktion in der Stimmungserfassung macht man sich anschaulicher durch den Gegensatz von Abbildung und Äußerung der Stimmung klar. Dienen nicht auch ein und dieselben Worte je nach dem Zusammenhang bald der einen, bald der andern Ausdrucksfunktion? Ganz so ist es in der Musik. Erst aus dem Zusammenhang des Motivs wird dessen Funktion mit einer gewissen Eindeutigkeit entnommen. Jede gesungene Melodie – wie Gesang überhaupt – hat zunächst natürlicherweise Kundgabe=Charakter. Ebenso fassen wir beispielsweise die instrumentale Adagio=Kantilene des klassischen Stils fast immer als reine Stimmungskundgabe auf. Was uns hingegen aus einer Liedbegleitung als Schilderung von Stimmungen entgegentritt, steht mit dem in der Melodie kundgegebenen seelischen Gehalt nicht im selben Funktionszusammenhang, sondern ist ergänzende Darstellung. Das Mozartsche Larghetto ist ein singend gegebenes Sich-kundgeben. Dagegen erfassen wir im langsamen Satz von Beethovens E-Dur-Sonate oder noch mehr in der Melodik des Tristan-Vorspiels diese Stimmung nicht als ein Sich-kundgeben, sondern als eine Darstellung von Gehalten. (Zu warnen ist davor, die reale Stimmung, in welcher der Meister etwas geschaffen hat, in Beziehung zu bringen mit dem Stimmungsgehalt.) In gewissen Beispielen aus der Gesangsmusik tritt dieser Unterschied noch prägnanter hervor, z. B. im Lied „In grüner Landschaft Sommerflor" von Hugo Wolf.

c) Das eigenartige Erlebnis der *Charakteristik* erwächst daraus, daß hier meistens ein isolierter Charaktereindruck, z. B. „mild, ruhig, strebend" als Ganzes auf eine menschliche Psyche übertragen wird. Das eigentlich Symbolische der Übertragung besteht darin, daß das Motiv die ganze Person als psychische Einheit vertritt oder richtiger repräsentiert.

Der Charakter eines Menschen im ästhetischen Sinn wird nicht aus Handlungen (wie der dramatische Charakter), sondern aus der reinen Erscheinung erschlossen, er ist sozusagen ein „Oberflächen-Charakter". Was wir hier unter dem Charakter eines Menschen verstehen, sind einfachste, allgemeinste Grundbestimmungen des Seelischen, auf deren großem Wellenzug die einzelnen, momentan bedingten Stimmungen und Stimmungsübergänge sich wie Wellengekräusel abheben.

In allem, was die dramatische Person auf der Bühne spricht, singt, handelt, wollen wir nicht die einzelne zufällige Bewußtseinslage, sondern die ganze Person als Einheit erleben; jede Einzelstimmung, die sie uns bewußt oder unbewußt übermittelt, muß einen „Zug" ihrer Gesamtpersönlichkeit bilden. Denn aus solchen Zügen bauen wir ja genießend die dramatische Gestalt als Erlebnis in uns auf. Von der eben geschilderten Art sind die Einzelzüge einer dramatischen Musik, aus denen der Künstler seinen musikalischen „Charakter" gestaltet. Das eigentlich Symbolische dieser Repräsentation tritt am markantesten im musikalischen *Leitmotiv* in Erscheinung. Hier wird ein musikalischer Einzelzug herausgegriffen und zum Repräsentanten einer Person oder eines Sachverhaltes gestempelt. Er kann ursprünglich als Äußerung fungiert haben, die sich zum Symbol des Gesamtcharakters ausweitet. Man denke etwa an die leitmotivischen Themen des Waltherschen Preislieds in den Meistersingern (das ursprünglich als rein gesangliche Kundgabe fungiert). Das Motiv kann aber auch direkte symbolische Beziehungen enthalten, z. B. bei Zeichnung des Charakters des Hans Sachs.

3. *Kundgabe.* Als Kundgabe ist nicht das geäußerte Psychische, sondern die physische Äußerung selbst zu bezeichnen, in der wir das Motiv, die Töne nicht als unbestimmtes Mittel, sondern als bestimmte Form der Kundgabe, z. B. als Ruf, Bitte, Mahnung usw. erfassen. Das auf der Seite der psychischen Tätigkeit liegende Erlebnis, das uns erst indirekt Stimmungen vermittelt, bezeichnen wir als Kundgabe-Erlebnis im engeren Sinne. Der Hauptinhalt des Er-

lebnisses ist damit gemeint. Die Kundgabe wird meistens irgendwie stimmungsmäßig gefärbt sein; eine Klage wird bald leise, bald verzweiflungsvoll erklingen; eine Mahnung wird sich bald gütig, bald drohend anhören. Damit wird der Mitteilungsform ein zuständlicher Gefühlscharakter beigelegt, oder es wird die Stimmung miterlebt, aus welcher die Kundgabe entspringt. Anders ausgedrückt, an das Kundgabe-Erlebnis binden sich Charakter- und Stimmungs-Erlebnis. Die Kundgabe kann aber auch stimmungslos und isoliert auftreten.

Von den in der Musik verwerteten Kundgabe-Formen stehen a) an erster Stelle Signal- und Ruf-Auffassungen eines Motivs. Reine Zeichengebung mit der Nebenforderung möglichster Verständlichkeit ist ihr unmittelbarer Sinn, z. B. Posthorn, Trompete, Sirene. Warum werden gewisse Motive unmittelbar als typische Auslösungsform, als Signal erfaßt, andere nicht oder doch nur in geringerem Grad? Oder besser formuliert: warum sind gewisse Intervalle vorzugsweise zur Signalgebung benutzt? Doch offenbar, weil sie sich hierzu besser eignen. Neben Tonstärke und Tonhöhe ist die Größe des Intervalls entscheidend für den Signaleindruck. Ein zu kleiner Intervallschritt vermag nicht die Aufmerksamkeit auf sich zu ziehen, ein zu großer zerfällt leicht für die Auffassung des Hörers.

b) Einen breiteren Raum im Kundgabe-Aspekt nehmen die Formen sprachlicher und halbsprachlicher Mitteilung ein. Hier werden Ähnlichkeiten zwischen

Motiv und Sprachakzent (Tonfall), musikalischer Melodie und Sprachmelodie wirksam, deren Beobachtung zu der übertriebenen These geführt hat: alle musikalische Melodie sei aus der Sprache entstanden und sei letzten Endes geläuterte Sprache. Diese Anschauung muß uns schon im Hinblick auf die Stimmungsdarstellung als einseitig erscheinen. Liegt ihr doch implicite die Auffassung zugrunde, daß aller musikalischer Ausdruck nur Kundgabe, nicht auch Darstellung sei.

Mit Signal und Ruf sind unmittelbar verwandt Wunsch, Befehl, Aufforderung, Klage usw. Sie werden Emotive genannt, und dies wegen ihrer untrennbaren engen Beziehung zum Gefühlsleben. Was die Musik in ihnen wiederzugeben vermag, ist in erster Linie der Tonfall, in dem solche Emotive gesprochen werden. Daran bindet sich in gefühlsmäßiger Assoziation die Bedeutung, die den einzelnen Emotiven zukommt, ein Erfassen der jeweiligen Bewußtseinslage des Kundgebenden, aus welcher die Frage, die Klage usw. hervorquillt. Von den Signalen und Rufen unterscheidet sich das Emotiv dadurch, daß es dem Hörer zunächst ein Stück des eigenen Seelenlebens kundgibt, um freilich in demselben als Endziel ein Phänomen des Interesses, ein „Mitschwingen des fremden Gefühls mit dem eigenen Erlebnis" hervorzurufen.

Eine stimmungsvolle Erzählung, eine traurige Bestätigung usw. dienen aber nicht in erster Linie der Kundgabe, sondern der Darstellung von Gedanken.

Bei der ungemein feinen Variierbarkeit des Sprechtons, bei seiner Fähigkeit, den leisesten Stimmungsfärbungen zu folgen und damit ihnen Ausdruck zu geben, läßt sich verstehen, daß der Hörer einer musikalischen Gestaltung komplizierte Vorgänge und Tatbestände unterlegt.

c) Das letzte umfangreiche Gebiet der Kundgabe ist das der Geste und des mimischen Ausdrucks. Die dramatische Gestaltung oder doch dramatisch belebte lyrische Gestaltung der Textmusik – Oper und Musikdrama – und unter den Formen derselben vor allem das Rezitativ bilden die natürliche und eigentliche Domäne des Kundgabe-Aspekts. Denn aller echt dramatischer Ausdruck gibt Gefühls- und Gedanken-Inhalte in der Bewegtheit von Handlungen, Kundgaben. Auch das gesprochene Wort des Dramatikers ist Kundgabe. Der Künstler vermag die im Geiste geschauten Ausdrucksbewegungen seiner handelnden Personen bis ins kleinste in Worte, bzw. Töne umzusetzen.

Betrachten wir die italienische Lied-Literatur. Vorwiegend ist hier eine Auffassung gegeben, in welcher der Singende eine Stimmung wiedergibt; der ganze Aufbau der Melodik ist darauf berechnet, sämtliche Nuancen der Gesanggebung als Nuancen der Stimmung wiederzugeben. Im deutschen Lied dagegen ist gar nicht der Anspruch darauf erhoben, als eine derartige Kundgebung aufgefaßt zu werden. Auch finden wir die Verbindung von Darstellung und Kundgabe in der Musik; z. B. „Mondnacht" von Schumann. Ein komplizierter Fall! Die Einleitung wird als Darstellung gebracht; in der Melodiebildung ist man sich nicht klar, scheinbar liegt eine Kundgebung vor. Aber erleben wir die Kundgebung der Persönlichkeit oder die objektivierte Stimmung? Beachten wir den Übergang vom ersten Vers zum letzten Vers; hier entsteht eine Tendenz, aus der Darstellung in die Wiedergabe eines persönlichen Erlebnisses überzugehen. Dasselbe haben wir im Gedicht; die erste Strophe ist darstellend, im letzten Vers „Und meine Seele spannte weit ihre Flügel aus" kommt eine persönliche Note, ohne volle Kundgabe zu werden.

Die Rolle, die das singende Instrument, der Klangkomplex, die singende Stimme spielen, wird uns erst in dieser Unterscheidung der Zeichenfunktion klar in Erscheinung treten. Der Unterschied, vorwiegend Stimmungen und seelisches Erleben kundzugeben und Stimmungen sowie seelisches Erleben darzustellen, wird in der gesamten Musik zu einer Wesensbestimmung des Tonstückes. Eine Kundgebung reinster Art haben wir in der gesamten Oper. Die Musik der romanischen Völker überhaupt drängt unmittelbar dazu, immer die erlebende Persönlichkeit, das bestimmte Ich in den Vordergrund zu stellen. Die reiche Ornamentik der romanischen Musik entspringt dem Bestreben, die feinen Unterschiede der Tongebung wie der Sprachmittel zu benützen, um möglichst exakt die Bestimmtheit der Kundgebung auszudrükken. Andere Wege gehen z. B. die Wagnerschen Musikdramen. Der eigentliche Nachdruck der Stimmungsentwicklung und Stimmungsgebung liegt durchaus auf der darstellenden Seite. Bei ihm ist eine Behandlung der Stimme, die zunächst auf Kundgabe eingestellt ist; die Melodik der Singstimme ist hier sehr viel ärmer als das Orchestergewand, das die Singstimme trägt und stützt. In der Orchestrierung tritt das Kundgabe-Moment zurück; die Stimmungen, die im Gesang kundgegeben werden, sogar die Entwicklungen, die im Gesang gar nicht gegeben werden könnten, sind in darstellender Form in die Orchesterzeichnung verlegt. Sogar Gegensätze entstehen: die singende Person gibt etwas kund, was durch das Orchester teilweise als eine nicht momentan geltende Stimmung aufgefaßt werden muß; so z. B. die Figur des Hans Sachs. Aus der Melodik allein wird man sich nicht ganz klar über die Gestalt, erst aus der orchestralen Zeichnung wird sie klar. Dasselbe haben wir bereits im neuen deutschen Lied an Stellen von scheinbar einfachster Struktur; so z. B. bei Schubert, „Getrocknete Blumen", der Schluß: Die kundgebende Stimme endet scheinbar in Jubel; das Nachspiel, das nachfolgende Moll ist kein bloßer Begleit-Einfall, sondern die jubelnde Stimme wird gleichsam als Illusion dargestellt.

4. *Bewegung und Vorgang.* Es ist ganz gewöhnlich, daß bei aufwärts- oder abwärtsgehendem Motiv die erfaßte Bewegung in das Gebiet der Gemütsbewegungen übertragen wird. Wir empfinden in den musikalischen Gebilden ein Steigen oder Fallen, Aufstreben oder Zurückweichen, Hüpfen, Schreiten, Glei-

ten usw. Der musikalische Eindruck gestaltet sich erst dadurch zur Bedeutung, daß er auf eine abstrakte Bewegungsform übertragen wird.

Die subtilste und in gewissem Sinn zugleich wertvollste Form der Bewegungsdeutung liegt da vor, wo die musikalische Bewegung als eine psychische Bewegung aufgefaßt wird. In der Deutung psychischer Bewegungen besteht eine Erlebnisbeziehung zwischen der musikalischen und der „Gemütsbewegung". Zum Beispiel ein innerer Aufschwung, ein Sich-Durchringen, ein Sich-Erheben in höhere, freiere Stimmungssphären sind solche Bewegungen seelischer Art; Trauer versinnbildet sich durch abwärts gehende Bewegung.

Die Bewegungserlebnisse in an sich unbewegter ästhetischer Materie sind es vor allem, welche die Einfühlungs-Theoretiker zur Aufstellung des Begriffs „Tätigkeits-Einfühlung" und seiner Gegenübersetzung zur „Stimmungs-Einfühlung" veranlaßt haben. Diese Aufstellung ist aber nicht ganz glücklich; zutreffender ist meines Erachtens die Gegenüberstellung von „Geschehnis-Einfühlung" und „Zustands-Einfühlung".

Im Bereich des musikalischen Ausdruck-Verstehens spielen die beiden hervorragenden abstrakten Aspekte von Bewegung und Vorgang eine bedeutsame Rolle; und dies besonders wegen des Umstandes, daß ihre Deutungs-Inhalte vom Hörer ohne zeitraubende Inanspruchnahme konkreter Verbildlichung verstanden werden können. Kampf und Gegensatz,

Versöhnung und derartige Begriffe sind ja rein gedankliche Inhalte, die uns allerdings in der Musik in einer gewissen formalen Veranschaulichung entgegentreten. Die bildliche Vereinzelung, wer kämpft und worüber gekämpft wird, bleibt jedoch im Musikgenuß vielfach völlig unbestimmt, so wie im Grund aller musikalischen Stimmungserfassung der jeweilige Träger der Stimmung nicht erlebt zu werden braucht.

Die Unbestimmtheit des Trägers wie der Voraussetzungen psychischer Ausdrucksinhalte macht nun gerade das Wesen der *„reinen"* oder *„absoluten Musik"* aus. Die Verhaltungsweisen, in denen jene Bedingung in potenzierter Form erfüllt ist, d. i. Charakter-, Bewegungs- und Vorgangs-Erlebnis, bilden die weitaus bevorzugten Aspekte der absoluten Musik. Es existiert jedoch kein prinzipieller, qualitativer Gegensatz im Gesamtbereich des Musikalischen, wie er vom Formalismus mit Vorliebe zwischen reiner und angewandter (poetischer) Musik künstlich großgezogen worden ist, sondern nur ein gradueller; und noch weniger als ein Qualitätsgegensatz darf ein Wertgegensatz zwischen den beiden Formen musikalischer Betätigung statuiert werden. Es steht nicht hier die absolute Musik, die „nur Form" sein will, dort die angewandte Musik, die einen speziellen konkreten Inhalt schaffen will. Es gibt keine Form ohne irgendwelchen Inhalt, und umgekehrt; sondern einzig und allein der Grad der Konkretisierung der psychischen Inhalte bestimmt die Einreihung eines Tonwerkes unter die eine oder andere der Hauptkategorien des musikalischen Ausdrucks; noch dazu gehen diese Hauptkategorien ständig ineinander über. Den konstituierenden Aspekten der absoluten Musik – Charakter- und Bewegungserfassung – stehen als Grunderlebnisse der angewandten Musik Kundgabe und Vorstellungsbild (Situationsbild) gegenüber, ersteres als sprachlich-gestische, letzteres als sachlich-dinghafte Konkretisierung des musikalischen Ausdrucks.

Bisher haben wir *emotionelle, gefühlsmäßige Stimmungen* als Ausdruck betrachtet.

In der neueren Ästhetik ist die Auffassung vertreten worden, als seien die Stimmungen das einzige, was die Musik ausdrücken könne. Darum wird die Musik definiert als „Kunst der Stimmungen" im Gegensatz zu den anderen Künsten. Diese schroffe Unterscheidung ist für eine Auffassung zu halten, welche die Weite des musikalischen Ausdrucks in außerordentlicher Weise beschneidet. Die Musik kann jedoch mehr geben, auch *Vorstellungsmäßiges.* Hier kommen wir auf ein Problem, das besonders in der Ästhetik des 18. Jahrhunderts umstritten worden ist; wir kommen auf das Problem der Programm-Musik. Die Wiedergabe gedanklicher Gehalte gegenüber der Wiedergabe emotioneller Gehalte, Gedankenausdruck gegenüber Gefühlsausdruck ist so wesentlich, daß dadurch ein eigenes musikalisches Erleben gestaltet wird.

5. Situationsbild (Vorstellungsbild). Punktuellen Vorstellungsinhalt kann die Musik in uns überhaupt nicht klar und wahr machen, wenn uns nicht irgend eine Anleitung dazu gegeben wird, ein Begriff, ein Programm oder ein Satz, der unsern Vorstellungsinhalt einengt auf eine bestimmte Richtung. Völlig freie Vorstellungs- und Gedankenkomplexe — hierüber wird genaueres beim Sphärenerlebnis nachzuholen sein — bedürfen keiner besonderen Kenntlichmachung durch den Komponisten. Erst wenn wir auf das Einzelne einer Vorstellung eingehen, kommt das Moment dazu, daß das, was die musikalische Entwicklung an Vorstellungen und Gedanken gibt, zunächst ein allgemeines ist; d. h. in Umrissen gibt sie Vorstellungen, die sich an Gefühlsgehalte binden. Unsere Vorstellungsrichtung muß durch Bezeichnung darauf eingestellt werden.

Die Bedeutung des Situationsbildes liegt zunächst in einer bestimmten, für den Ausdrucksgehalt eines Motivs usw. wesentlichen Ähnlichkeitsbeziehung. Es liegt im Charakter des Situationsbildes, daß es meistens aus allgemeineren Verhaltungsweisen herauswächst, aus Charakteren, Stimmungen, Kundgaben, abstrakten Bewegungseindrücken. Es kann sich dem Hörer aber auch unmittelbar beim Vernehmen des Motivs ein Situationsbild aufdrängen. Daß Erfahrung, spezielle Erinnerung, individuelle Disposition zu Vorstellungsbildern hierbei eine entscheidende Rolle spielen, wird nicht verwundern. Ferner ist der Gefühlsgehalt eines Situationsbildes von ausschlaggebender Bedeutung. Ein Bild, das keine Gefühlswerte, — genauer gesprochen — keine objektiven, d. h. psychisch bedingten Gefühlswerte in sich birgt, ist für das Ausdruckserlebnis wertlos. Es muß eine gefühlsmäßige Übereinstimmung zwischen musikalischem Inhalt und Vorstellungsinhalt bestehen; alle ästhetisch wirksame Vorstellung muß sich irgendwie auf einer gefühlsmäßigen Grundlage erheben. (Mehrmals berichten typische Farbhörer von den wunderbarsten und genußreichsten geometrischen Formenspielen, die sie beim Anhören klar gestalteter, vor allem Mozartscher Musik erlebten; Ausdruck, Mitteilung eines Psychischen wird man jedoch in ihnen schwerlich erblicken dürfen.) Es ist ohne weiteres einleuchtend, daß auch in das ästhetisch wertvolle Situationsbild und seine weitere Ausgestaltung in der Phantasie unmittelbare und ganz individuell bedingte Erinnerungsmotive hereinspielen können, wie wir sie fast regelmäßig bei der „gewöhnlichen" oder „reinen", besser gesagt, der außerästhetischen Assoziation antreffen. Woraus sollten sich letzten Endes die Bedeutungsbilder unserer Phantasie zusammensetzen, wenn nicht aus Elementen des schon Erlebten? Nicht ob solche Erinnerungen auftreten und in welcher Häufigkeit, sondern wie sie auftreten, macht einen Unterschied zwischen ästhetischer und außerästhetischer Assoziation aus.

Jede Musik, die unsere Vorstellungsweise einengt durch Mittel, die nicht in der Musik selbst liegen, können wir *Programm-Musik* nennen. Als solche muß uns alle Musik gelten, die – außer dem unmittelbar Psychischen von Stimmungen, Gefühlen, Zuständlichkeiten, seelischen Bewegungen – gegenständliche Vorstellungen und Gedankenbilder in den Bereich ihrer Ausdrucksmöglichkeit zu ziehen versucht. Daß solche Vorstellungen in der Musik ausgedrückt werden können, läßt sich im Ernst nicht bezweifeln. Gesungene wie gesprochene Worte der Vokalmusik, des Melodramas, ein suggestiver Titel wie „Bittendes Kind", ein Programm im engeren Sinn erfüllen gleichermaßen die Aufgabe, den Hörer in eine bestimmte Vorstellungsrichtung zu lenken. Die bloße, in Noten ausgedrückte Musik solcher Werke ohne Hinzutreten jener Vorstellungs-Suggestive ist ein unvollständiger künstlerischer Inhalt, ein ästhetischer Torso.

Warum, so fragen wir, billig, sollte Musik nicht auch in gewissem Grad an die Vorstellung appellieren und Gegenständliches in ihrer eigentümlich gefühlsmäßigen Weise zur Abbildung bringen? Die Grenzen sind im Prinzip keine andern als diejenigen, die jede ästhetische Bedeutungsvorstellung von einer außerästhetischen trennen. Sie werden von selbst für die Musik enger als für andere Künste dadurch, daß das Tongeschehen eine weit geringere Zahl objektiver Ähnlichkeitsbeziehungen zu Gegenständen aufweist als etwa Linie, Fläche und Farbe in der Malerei. Denn Ähnlichkeit ist die conditio sine qua non für das Auftreten auch der kompliziertesten Situationsbilder, wenn anders dieselben nicht in ein beliebiges Phantasieprodukt ausarten sollen, statt im ästhetischen Objekt begründet zu sein.

Was leistet uns ein solches textliches Moment in der Musik, eine solche Überschrift? Die Antwort können wir uns wieder experimentell verschaffen. Wir ken=nen die Überschriften etwa von Schumanns „Kinder=stücken". Was ist uns gegeben in der Überschrift „Bittendes Kind"? Wir können am einfachsten eine Gesichtsvorstellung mitbringen; aber wie wir uns diese Vorstellung machen, ist ästhetisch bedeutungs=los, irrelevant. Nun legen wir uns einmal folgende Frage vor: Was würde aus der Musik, wenn dieser Titel wegfallen würde? Was würden wir ihr entneh=men? Wir würden sagen: ein bewegliches und freund=liches Stück; oder klagend, weinerlich, eindringlich; oder wir würden sagen, das Stück könnte man eben=sogut Schmetterling benennen. Aber der Schluß ist entschieden fragend; er schließt eben nicht ab. (Stumpf sagt: „Hier haben wir ein Beispiel dafür, daß ein Ton=stück auch in der Dominante geschlossen werden kann.") Also diese Momente, wie „drängend" usw. werden uns frei vorgelegt. Nun kommt der Titel und bringt in diese Momente Ordnung hinein. Gehört also dieser Titel nicht notwendig dazu? Man könnte ein=wenden, Schumann habe diese Titel erst nachträglich zugesetzt. Ist der Einwand beweiskräftig? Im Gegen=teil ist daraus zu ersehen, daß er im Gestalten erst be=merkt hat, was die wesentlichen Ausdruckseigenschaf=ten des Stückes sind; und dann hat er den Titel ge=formt. Es ist also kein Zweifel, daß wir hier eigent=liche Programm=Musik vor uns haben, und zwar Pro=gramm=Musik im wissenschaftlichen Sinn, der uns immer gegeben ist, wenn uns eine bestimmte Richtung für den Vorstellungsgehalt mitgegeben wird. Ein wei=

teres Beispiel ist die „Träumerei". Man könnte das Stück „Melodie" nennen, oder vielleicht einen anderen Titel dazu finden, etwa „Abendstimmung". Aber der treffendere ist Träumerei. Die Melodie hat nämlich eine bestimmte Eigenschaft, die zunächst auffällt: z. B. im Diktat, wenn der Takt festgestellt werden sollte, würden wir in eine gewisse Verlegenheit geraten; wir sehen, daß der Reiz der Melodie gerade darin liegt, daß wir nicht genau wissen, wie der Rhythmus ist. Das ungewisse Ausweiten der Melodie wird durch den Ausdruck Abendstimmung nicht gedeckt, aber sehr fein durch eine Vorstellung wie die Vorstellung Träumerei. Noch ein Beispiel, „Abendlied": Könnten wir dieses auch Träumerei nennen? Das Stück steht sicher mit dem vorigen in sehr engem Zusammenhang. Aber diese Melodie ist mehr Gesang als die andere; hier ist der Eindruck, daß es als gesungen erfaßt werden will.

An solchen einfachen Beispielen sehen wir doch das Moment wirksam, welches das wesentliche ist, nämlich Einengung einer freien Vorstellungstätigkeit in eine ganz bestimmte Richtung; und die Einengung erfolgt in unmittelbarem Zusammenhang mit der Stimmungsgrundlage, aus der das Stück erwächst. Vielfach wird unter Programm-Musik etwas verstanden, was die Stimmungsmusik ausschließt und direkt auf Vorstellung hinführt; da wirken Erinnerungen und Assoziationen. Künstlerisch bedeutende Programm-Musik ist nur da vorhanden, wo diese Vorstellungsmomente auf einem bestimmten Gefühlsgrund beruhen; hier haben wir eine Reproduktion aus bestimmten Gefühlsgehalten. In der Programm=musik wird uns ein gewisser Inhalt gegeben, und zwar in der Weise der Darstellung, nicht der Kundgabe; jede programmatische Musik ist darstellende Musik, aber nicht jede darstellende Musik ist Programm=Musik. Glücklicher und weitsichtiger als die Bezeichnung Programm=Musik ist die Bezeichnung deskriptive Musik; sie gilt auch besonders in der französischen Musikästhetik.

Der Begriff der *Tonmalerei* ist ein Spezialbegriff der deskriptiven Musik. Tonmalerei ist ja nichts anderes, als daß äußere Bewegungen usw. musikalisch nachgezeichnet werden sollen. Dieses Moment des Tonmalerischen ist in der Ästhetik des letzten Jahrhunderts Gegenstand eines langjährigen Streites über Berechtigung oder Nicht=Berechtigung gewesen; es scheint auch heute noch keine rechte Einigung zustande gekommen zu sein. Ist es nun berechtigt, durch Musik äußere Bewegungen, die an sich noch nichts Seelisches bedeuten, nachzuzeichnen? Die Antwort muß lauten: ja, aber mit einer gewissen Einschränkung. Sie ist berechtigt immer dann, wenn die äußeren Bewegungen oder Vorgänge stimmungshaltig sind, wenn sie einen Gefühlshintergrund hinter sich haben, von dem sie sich abheben oder der sie voll zur Geltung bringt. Man sehe hin auf Beethovens Pastoral=Symphonie! Hier ist ja noch nicht eine bestimmte Tonmalerei. Aber Berechtigung erhält sie u. a. dadurch, daß die vorgestellte Situation „Szene am Bach“

uns sinnlich klargestellt wird durch Bewegungs=Analogie und dadurch, daß sie eingeht in den ganzen Stimmungsgehalt. Betrachten wir nur die Wirkung einer solchen Stelle! Wir lesen „Szene am Bach" und werden sofort in eine gewisse Geisteshaltung versetzt; wir werden auf Erinnerungen zurückgehen, Unterstimmungen werden wach; wir bleiben in einer unbestimmten Verfassung, die psychologisch gefaßt werden kann; alle Vorstellungen, die mit Bach, Bachlandschaft verbunden sind, und alle Stimmungen, die typisch damit verbunden sind, können nun leichtter in das Bewußtsein treten. Nun beginnt die Musik, wir hören die ersten Takte. Beobachten wir nun uns selbst! Wird in diesem Moment, in dem die musikalische Wiedergabe der Szene kommt, das Vorstellungsbild erst ganz klar? Wir können z. B. zuerst gedacht haben an eine sonnendurchleuchtete Landschaft, an ein Bächlein; in dem Moment, in dem wir die Musik hören, können wir nicht jede Landschaft damit verbinden, nicht Sturzbach, nicht jedes beliebige Bächlein. Die Musik sagt uns: die ungemeine Ruhe der Bewegung, ferner die dunkle Färbung des Ganzen, also Waldbach, nicht eine besondere Glut des Sonnenlichtes. Weiter wird die Vorstellungstätigkeit angeregt durch Nachahmungen von Vogelstimmen. (Pfitzner hat in seinem Buch [„Gesammelte Schriften", Band II, 1926, S. 253 ff] diese Dinge ausgezeichnet analysiert.) Also zuerst allgemeine Vorstellung, vielleicht eine falsche; dann Einengung, und zwar auf ein Adäquates.

Das Wesentliche der Deskription liegt also darin: Wir bekommen durch die Überschrift ein Material vorgelegt, und wir müssen nun im Sinne des musikalisch Gegebenen und nach Analogie desselben unser Vorstellungsbild gestalten. Dadurch erhält die deskriptive Musik etwas Tiefes; dann entsteht eine neue Komplexion seelischer Gehalte, die ohne Hilfe der programmatischen Einengung nicht entstehen könnten. Es entsteht eine punktuelle Reproduktion, die an sich völlig verschieden ausfallen könnte, die aber, wenn sie wertvoll sein will, bestimmte Gestalteigenschaften hat dadurch, daß wir sehen können, unser Vorstellungsbild ist adäquat. Nicht das Material der Vorstellung, sondern die Umbiegung des Materials ist die ästhetische Leistung, die in der äußerlichen Deskription der Bewegung erreicht und vollzogen wird.

Welche Momente am musikalischen Gehalt sind es, die wir für die Schaffung eines solchen Vorstellungsbildes benützen? Dieselben wie beim sinnlichen Vorstellungsbild: Klangfarbe, Bewegungsform und bestimmte Einzelheiten derselben. Bewegung kann an sich einen ästhetischen Wert darstellen, teils in ihrer physiologischen Wirkung, teils als Ganzes. Sie kann aber auch in irgendeiner Weise gedeutet werden; wir können sie in Gruppen zerlegen. Die erste derselben ist die Deutung der Bewegung als sprachlich-gesangliche Kundgabe. Beispiel hierfür ist der letzte Satz von Beethovens B=Dur=Sonate opus 22, die Bewegung der Melodie hat etwas Fragendes; oder eine andere Bewegung finden wir in Schumanns Kin=

derszene „Bittendes Kind". Die Möglichkeit der Deutung liegt in bestimmten Eigentümlichkeiten der sprachlichen Bewegung, einmal im Tonfall der Sprache, meistens aufwärts gehend, aber auch abwärts gehend, wenn die Antwort ganz sicher erheischt wird. Musik, die alle möglichen Frage=Versionen bringt, ist Wagners Lohengrin: alle gehen aufwärts, nur die eine Frage des Königs an Elsa über Telramund geht abwärts, aus dem soeben angeführten Grund. Andere Bewegungen der sprachlich=gesanglichen Gruppe sind so allgemein gefaßt, daß es sich nicht lohnen würde, Klassifikationen aufzustellen. Alles äußerlich Bewegliche kann also in irgendeinem Sinn dargestellt werden.

Wir können die Bewegungen auch als psychische Bewegungen deuten; auch diese Deutung spielt in der Musik eine Rolle. Gewisse seelische Haltungen, seelische Veränderungen können wir uns durch musikalische Bewegungen klar machen: aufstreben usw.

Endlich können wir ganz komplizierte Vorgänge schildernd, darstellend wiedergeben durch das Mittel der *Symbolik*. Wie wir Charakter=Eindrücke zu Charakteristika ausdeuten können, so können wir auch Bewegungen in einem symbolischen Sinn ausdeuten: z. B. die Bewegungs=Schemata in der kirchlichen Renaissancemusik, das Von=oben=kommen wird durch ganz einfache Bewegungsläufe nicht ausgeführt, sondern angedeutet. In dieser symbolischen Deutung leistet die musikalische Darstellung geradezu Unglaubliches. Diese Leistung ist ja besonders Inhalt unserer modernen Musik; sie ist geradezu das Problem in der modernen psychologisch fundierten Ouvertüre eines Wagner usw., ganze Komplexe gedanklicher Bewegungen sollen symbolisch wiedergegeben werden. Die moderne Ouvertüre spielt die Rolle des guten Vorwortes; sie wird erst nach dem Werk geschrieben, und zwar deshalb, weil sie zusammenfassen soll, in einem Schlag die Begebnisse des Dramas mit ihren Verknotungen als Problem vorführen soll. Beispiel ist uns die Tannhäuser-Ouvertüre, wo durch Gegenüberstellung der Themen der Kampf zwischen Entsagung und sinnlichem Genuß dargestellt werden soll; oder das Tristan-Vorspiel, wo das Liebessehnen in seinen Modifikationen von der schmachtenden Sehnsucht bis zur sinnlich reizenden Ausdeutung des Liebeserlebnisses vorgeführt wird, — alles angedeutet in einer Entwicklung, die nur klar wird, wenn wir Bestimmtes über die Einzelheiten des Musikdramas wissen. Das Vorspiel allein sagt uns schon Stimmungen; aber auf Tristan und Isolde bezogen besagt es uns viel mehr, nämlich die ganze Entwicklung dieser Liebesbeziehungen.

Also auch hier müssen wir wieder eine Unterscheidung treffen: wir sehen eine Darstellungsweise, die im Allgemeinen bleibt, und eine andere, welche die Feinheiten zeichnet. Man vergleiche Wagners al-fresco und demgegenüber die feinere psychologische Zeichnung bei Mozart oder Richard Strauß.

Interessant ist am Anfang von „Enoch Arden", Melodrama mit Text von Wildenbruch und Musik von

Rich. Strauß, das Verhältnis von Text und musikalischer Schilderung; die Musik gibt schon mehr als im Text, im Bilde liegt: etwas Ödes, etwas Grau, wenig Farbe und Farbenspiel. Am Anfang des zweiten Teils ist wieder die Küste, die Erinnerung an die heimatliche Küste steigt auf; nicht zu übersehen, wie an dieser Stelle die südliche Küste und die Erinnerung an die heimatliche Küste gezeichnet sind; der Gegensatz ist ganz vorzüglich getroffen. Auch die weite See, aber glänzend; der Färbungseffekt wird erreicht durch das Charaktermotiv des Arden; die sinnlichen Charaktere des Farbenspiels werden verbunden mit einem ganz anderen psychischen Gehalt; denn ein Rest des Themas Arden bleibt auch in dieser Verwandlung bestehen, nämlich das Schwermütige wird in die Stimmung der Sehnsucht hineinverwoben. Es gibt kaum eine sprachliche Darstellung, die diese Feinheiten ganz ausdrücken würde. Und dann die Erinnerung an die heimatliche Küste; die reale Brandungsbewegung wird im Phantasiebild hinaufgerückt als nicht-wirklich, als Phantom; an sich ist das nicht eine Musik, welche die Brandung darstellt, sie ist es aber doch, da wir die Beziehung wissen. Also: nicht nur sinnliche Vorstellungen, sondern auch gedankliche Beziehungen können in das Ganze einer stimmungshaltigen Handlung verflochten werden und dann ästhetisch wirksam sein.

Betrachten wir auch hier wieder, wie die Wirkung zustande kommt. Assoziation ist etwas ganz fest Gebildetes, ist die früher gestiftete Grundlage für eine

Reproduktion. In unserem Beispiel würden Assoziationen als solche gar nicht genügen; wir können sie nicht bilden, wenn sie nicht aus einer gewissen Grundlage heraus gestiftet sind; der Ausdruck des Assoziativen wäre also zu beanstanden. Was wir hier haben, ist gefühlsmäßig ermittelt. Natürlich müssen wir das erste Thema gehört haben, um uns zu erinnern und zu beziehen. Aber es ist etwas anderes, wenn wir sagen: Diese Musik so und so habe ich schon einmal gehört in diesem oder jenem Lokal; das ist mechanische Assoziation. In der eigentlichen Assoziation aber ist die Erinnerung schon geläutert, verschmolzen in einen gewissen Vorstellungs-Komplex, d. h. apperzeptiv verschmolzen. Nur dann kann sie ästhetisch wertvoll sein. Ob wir sprechen von Verflechtung, Verschmelzung, reproduktivem Ineinandergehen, alle diese Ausdrücke sind fast gleich. Das Wesentliche ist, daß alle diese Formen der Reproduktion aus einem Komplex kommen und neue reproduktive Inhalte eingliedern. Die psychologische Analyse der deskriptiven Musik reduziert sich auf diese Formen, auf Bildung der Vorstellungen, die zum Erfassen notwendig sind.

6. Sphären-Erlebnis. Wenn wir z. B. eine Musik als fromm, religiös bezeichnen, so liegt zunächst ein gewisser Stimmungsgehalt, Gefühlsgehalt vor. Nehmen wir etwa den Choral „O Haupt, voll Blut und Wunden"; da erfassen wir mehr als Stimmung und wir sagen, das ist choralisch, kirchlich; der Begriff „kirchlich" enthält mehr als bloße emotionale Stimmung. Im Lied „Morgenrot" sind Gehalte volksmäßig ausgedrückt; dieser Gefühlsgehalt, diese volkstümliche Art, dieses Gegeben=sein von Gefühlsgehalten ist ein ganz eigener Ausdrucksgehalt. Dasselbe trifft zu, wenn wir sagen: Das ist ein Sonatenthema, oder das ist ein Walzergedanke usw.; wir erfassen diesen Inhalt nicht dadurch, daß wir eine Form=Analyse vornehmen und fragen, ob dieses Thema für Sonate oder Walzer paßt, sondern daß wir in die entsprechende Sphäre versetzt werden. Das erleben wir auch an Worten. Mit dem Wort „Mittelalter" z. B. ist nicht ein gedanklicher Komplex, sondern ein gefühlsmäßiger Komplex gegeben. Es liegt ein „Hof" darüber, ein Hof von Vorstellungsmäßigem, das in das Gefühl hineinverwachsen ist. Wir haben hier ein Sphären=Erlebnis.

Wir stehen neuerdings vor der Grundfrage: Wie kommen Vorstellungen, Gedanken dazu, in einem musikalischen Gehalt zum Ausdruck zu kommen? Gewisse Beziehungen zwischen psychischen Bewegungen und Stimmungen bestehen zweifellos; sie sind primär. Schwieriger liegt die Frage bei Vorstellungsmomenten: von Stimmungsgehalt und Charaktergehalt führt eine Brücke herüber zu Gefühlen und Stimmungen, die in irgendeiner Weise an bestimmte Vorstellungs=Komplexe gebunden sind. Wenn z. B. das Wort „Kirche" gegeben ist, so erleben wir zunächst irgendeinen Komplex, der auch eine gewisse Gefühlsbetonung miterhält; wir werden dadurch, d. i. durch Vorstellungs= und Gedanken=Komplexe, gefühlsmäßig angeregt. Nun wird eine Melodie als „kirchlich" bezeichnet, und wir werden in eine ge=

wisse Kirchensphäre hineinversetzt, z. B. in die Kirche des Protestantismus des 16. Jahrhunderts; darin liegt ein ganzer Komplex von Vorstellungsmomenten enthalten. Wenn wir von diesen absehen würden, so würden wir nicht das Ganze erfassen, das jene Melodie besagt. Wenn wir nur den Gefühlscharakter bezeichnen würden, so könnten wir sagen, jene Melodie sei freudig, feierlich; aber wir erfassen mehr als bloße emotionale Stimmung, wir erfassen etwas mit, und zwar unmittelbar im Hören. – Als weiteres Beispiel nehmen wir das Walhallmotiv in Wagners „Ring des Nibelungen“: wir würden kaum darauf verfallen, diese Melodie in die Sphäre „evangelischer Choral“ hineinzuversetzen. Gerade in der Wagnerschen Leitmotivbildung ist die Eigenschaft zu beobachten, daß Wagner nicht etwa psychologisch genau zeichnet wie Rich. Strauß, sondern Sphären angibt, die er mit ein paar Strichen zu zeichnen versteht, über deren Bedeutung kein Zweifel sein kann. Hier ist die Sphäre des Heldenhaften, des Episch-Heroischen gegeben, wie es in der Heldensage zum Ausdruck kommt. Man vergleiche damit etwa das Heroische in Beethovens Eroica! Ist hier dieselbe Art des Heroischen wie bei Wagner? – Noch ein Beispiel: Stellen wir uns in eine Melodik ein wie das Menuett der Beethoven-Sonate op. 31, Nr. 3:

Hier ist ein bestimmter seelischer Ablauf gegeben; aber diese Melodie taucht wieder mehr in eine bestimmte Sphäre hinein. Würden wir dieses Thema etwa verlegen in eine Mentalität moderner Art, in einen modernen Zeitgeist? Gewiß nicht. Aber wir verlegen es in eine Empfindsamkeit von stark ethischer Färbung, die nicht mehr ins Rokoko hineingehört. Es gibt also Themen, die gar nicht darauf angelegt sind, Charaktere zu geben, Stimmungen zu geben, sondern die noch ein Mehr enthalten, sofern sie voll erfaßt werden. Der ganze geistige Gehalt, Vorstellungsgehalt, persönliche Auffassungsgehalt spielen, wenn auch verschieden, in die Auffassung hinein. Gerade diese sehr vielen komplexen Inhalte – Sphäreninhalt, Kulturinhalt, Landschaftsinhalt usw. – sind uns zuerst gegeben, unmittelbar gegeben als bestimmte Vorstellungsinhalte, jedoch nicht punktuell wie in der Programm=Musik.

Das Hineinversetzt=werden in eine bestimmte Sphäre, die Ideenverbindungen mit Weihnachten usw., das „Hineingehören" einer musikalischen Bildung in mittelalterliche, mythische, klassische, romantische Zusammenhänge, das „Anmuten" eines Motivs als Adagio=Thema, als Walzermelodie, das unanalysierbare Erleben von Naturstimmung, – dies alles sind Bezeichnungen, die im Grunde ein und dieselbe Erlebnisweise treffen. Solche eigentümlichen stimmungs= und vorstellungshaltigen Begriffe wie Natur, Volkslied, Mittelalter, Märchen, Sage, Frühling und Herbst, Kirchlich, Norwegisch usw., musikalische Stilbegriffe wie Adagio, Menuett, Choral, Rokokograzie u. a. sind uns jederzeit als bloße Sphären gegenwär=

tig; sie können bald wie einfache Gefühlscharaktere im Tonbild bloß „anklingen", oder wir können in sie mit mehr oder weniger Lebhaftigkeit versetzt werden. Was sie vom Charakter- und Stimmungserlebnis wesentlich unterscheidet, ist dies: sie bilden einen eigentlich unanalysierbaren Stimmungs- und Vorstellungs-Komplex. Das Erlebnis der Sphäre steht gewissermaßen in der Mitte zwischen Stimmungs- (Charakter-)Erlebnis und Situationsbild (Vorstellungsbild). Von der reinen Stimmung ist es dadurch unterschieden, daß im Sphärenbegriff immer bildhafte oder gedankliche Elemente notwendig vorhanden sein müssen. Frühling ist nun einmal keine Stimmung wie Heiterkeit oder Sehnsucht; Adagio ist nicht die Stimmung selbst, sondern das geläufige musikalische Ausdrucksgewand für gewisse Stimmungsrichtungen und -zusammenhänge. Andererseits ist es eigentlich selbstverständlich, daß die unbestimmt gegebene Sphäre im Ausdruckserlebnis sich vielfach nachträglich in einem bestimmten Situationsbild verdichtet; zu „Mittelalter" wird bald ein Ritter oder Burghof oder eine Zunft wie die der Meistersinger hinzugesehen; zu „Frühling" wird eine mehr oder weniger ausgeprägte Frühlingslandschaft, zu „Kirchlich" das Innere einer Kirche hinzugenommen.

Man kann noch weiter gehen: Im Sphärenerlebnis kann überhaupt in gewissem Sinn eine der psychologischen Grundlagen aller Ausdruckserfassung, oder noch allgemeiner, aller Bedeutungserfassung erblickt werden.

Beim Sphärenbewußtsein handelt es sich um ein ganz charakteristisches Milieu-Bewußtsein, das im künstlerischen Schaffen und Genießen eine entscheidende Rolle spielt. Was wir in einer musikalischen Stilform als „stillos" bezeichnen, ist gerade ein Herausfallen der künstlerischen Gestaltung aus dem Milieu, in dem sich diese Form bewegt. Die Forderungen, die wir intuitiv an ein „richtiges" Fugenthema etwa im Gegensatz zum Sonatenthema stellen, entstehen im Schaffenden und im Hörer auf Grund eines sphärenhaften Anklingens der charakteristischen Eigenschaften jener Themen. Kurz, das intuitive Form- und Stilempfinden im musikalischen Genuß ist nichts anderes als ein Einreihen des Gehörten in sphärenhaft gegebene Stilbegriffe, die sich von der bewußten Ableitung stilistischer Merkmale im kunstwissenschaftlichen Verfahren eben durch das (dem gewöhnlichen Wortverstehen analoge) gefühlsmäßige Vorgehen unterscheidet. So wird im Zusammenhang eines Tonstückes das Sphärenerlebnis gerade in musikalischer Hinsicht zu einem der wichtigsten Aspekte. –

Es ist versucht worden, *Form und Ausdruck* wieder gegeneinander *abzuwägen*. Gegen die Auffassung, aller echte musikalische Ausdruck sei Äußerung von Seelisch-Geistigem, wird eingewendet, das sei eine Verpsychologisierung der Musik. Diese Auffassung vertritt Walter Harburger (Form und Ausdrucksmittel in der Musik, 1926). Er wendet gegen die romantische Auffassung der Musik ein, daß sie identifiziert wird mit der atomistischen Elementauffassung; und er betont, die musikalische Form sei ein lebendiger Organismus. Er versteht unter Organismus nicht einen Aufbau von Einzelheiten, sondern den Primat des Ganzen der Gestalt vor dem Einzelnen; die Einzelheit sei bedingt durch die Konzeption des Ganzen in der Totalität des Unbewußten. Nun wird eine Theorie der musikalischen Ganzheit entwickelt wie bei Paul Bekker. Auch bei diesem haben die einzelnen Themen nichts zu sagen; das Ganze steht da als seelisch-geistiger Inhalt vor den Teilen. Gegen diesen Standpunkt rückt Hans Pfitzner sehr scharf zu Feld; er gibt zu, daß die Erfindung eines einzelnen Themas nicht die Erfindung eines isolierten Etwas darstellt, sondern daß in der Erfindung der musikalischen Themen schon keimkräftig die Entwicklung zum Organismus als solchem steckt. Etwas an der Ganzheitstheorie ist durchaus berechtigt; die musikalische Formgebung führt zum lebendigen Organismus. Daß aber der Organismus vor dem Thema sei, ist eine psychologische Unmöglichkeit. In dieser Theorie wird sodann als Ausdruck etwas ganz anderes bezeichnet. Ausdruck wird mit organischer Struktur, vollendetem Organismus des Tonwerks identifiziert. Schon Friedrich von Hausegger (Musik als Ausdruck, 1885) hat den Versuch gemacht, in seiner Erklärungsmethode des musikalischen Organismus auf biologische Begebenheiten überzugreifen. Auch Harburger tut dies. Aber auch diese Erklärung verhilft nicht zu großer Klarheit.

Nun wird auch gegenwärtig wieder der mathematische Charakter der Musik in die Wagschale geworfen (W. Harburger, Musikalische Geometrie, Zeitschr. f. Musikwiss. XI, 1928/29). Da wird gelehrt, die musikalische Form sei nichts anderes als eine bestimmte Geometrie der Tonvorstellungen; die Musik besitze auch kein eigentliches Material; die Töne gelten nicht als Material, da sie selbst schon lebendige Organismen sind. Aber es ist unmittelbar einleuchtend: das Mathematische setzt erst da ein, wo die Beziehung zur Physik durchgeführt werden kann, d. i. bei den Tönen und Schwingungsverhältnissen, Klangfarben usw. Auch diese Auffassung führt uns in der theoretischen Auffassung der musikalischen Form nicht weiter. Das Wesen der musikalischen Form ist etwas spezifisch Musikalisches, auf das noch die allgemeinen ästhetischen Prinzipien Anwendung finden. Die Geometrie der Raumformen ist ein in sich abgeschlossenes wissenschaftliches Gebilde. Das sind aber die musikalischen Formen nur in ihren Elementen.

Die Auffassung der Musik als *Einheit von Form und Gehalt* entspricht den Gebilden des Ästhetischen. Die Musik stellt hier keine Ausnahme dar. Die Elemente der musikalischen Gestalt sind zugleich die Elemente des musikalischen Ausdrucks. Aber sie deuten nicht auf eine praktische Wirklichkeit, wie es bei den darstellenden Künsten der Fall ist. Die musikalischen Gebilde stellen insofern ein eigenartiges Gebilde dar, als sie ein ästhetisch isoliertes Material sind, das eine Welt ganz für sich ist, nämlich die Welt des in sich geschlossenen Tonsystems.

Das ästhetische Genußmoment ist ein Komplex höchst eigenartig organisierter Gefühle und Stimmungen, die sich über dem Erleben aufschichten. Es sind Gefühle einer ganz eigenen und neuen Kategorie, die echten *Wertcharakter* tragen.

In der Einheitlichkeit des ästhetischen Gegenstandes stellt sich das Ich in einer neuen Weise zum Gegenstand, die das Ganze erst zu einer ästhetischen Gegenständlichkeit im engeren Sinn macht. Wir nehmen zu den Gebilden Stellung in der Anschauung. Stellungnehmen ist ein emotionaler, gefühlsmäßiger Akt ganz eigener Art. Die Stellungnahme ist der Akt, in dem wir nun diesen ganzen ästhetischen Gebilden einen Wert- oder Unwert-Gehalt zuschreiben. Diesen Wertgehalt erfassen wir in einem unmittelbar emotionalen Grundprozeß als solchem.

Dieser Grundprozeß ist mehr als ein Lust- oder Unlust-Erlebnis. Das *Wertgefühl,* nicht das Lustgefühl, ist in erster Linie relevant. Es gibt keinen ästhetischen Gegenstand, der nicht einen Wert-Index hätte, positiv oder negativ, der nicht wertvoll oder wertlos wäre. Mein ästhetisches Erfassen ist in erster Linie eingestellt auf das Erfassen der Wertigkeit des Kunstwerks. Nicht was ein Kunstwerk als ganzes sagt – z. B. ein schön gearbeiteter Armleuchter, oder ein kunstvoll ausgeführter Lehnstuhl: wie schön und praktisch! – sondern was es als ganzes in dem Wertbereich der ästhetischen Gegenstände darstellt, darauf kommt es an. Hier trennen sich die Funktionen. Das primäre Lusterlebnis, das ich am ästhetischen Gegen=stand habe, ist zunächst eine rein subjektive Wertung. Sie kann eine Voraussetzung des ästhetischen Erle=bens sein, sie kann aber auch ihre Bedeutung ein=büßen. „Reiz haben“ hängt nicht ab von Schönheit oder Charakteristik; die Wertung „reizvoll=sein“ ist die primäre Wertstufe. Es gibt aber auch ein objek=tives Urteil über das Reizvoll=sein. In der zweiten Aktgruppe, in der ich den Wert als objektiven Wert erlebe, verhalte ich mich im eigentlichen Sinn ästhe=tisch. Das einfache *Lust=Erlebnis* als solches ist eine Vorform ästhetischen Erlebens. *Ästhetisches Erleben* wird es erst, wo ich mir in irgendeiner Form des Wertes oder Unwertes bewußt werde, wenn ich dem ästhetischen Gegenstand gegenüberstehe.

In diesen Akten nun konstituiere ich die eigentli=chen ästhetischen Wertkategorien als solche, d. h. letzte Wertmomente, die man zwar beurteilen, aber nicht mehr definieren kann.

Die weitaus häufigste Wertkategorie ist die *Schön=heit*. In ihr erfasse ich eine bestimmte Wertigkeit des ästhetischen Gegenstandes. Daneben erfasse ich noch andere Werte; und erst das Ganze ergibt, in welcher Reichhaltigkeit wir den ästhetischen Gegenstand er=leben. Schönheit kommt sowohl dem sinnlichen als auch dem formalen Moment gleichermaßen zu. In der Schönheit als solcher erfasse ich ein eigenartiges Mo=ment, das auf nichts mehr zurückzuführen ist. Die Schönheit ist etwas, das am unmittelbarsten und näch=

sten in Beziehung zu der Größenordnung der harmonischen Einheitlichkeit steht; „Einheit in der Mannigfaltigkeit" ist eine gewisse Voraussetzung sinnlicher und formaler Schönheit, aber sie ist noch nicht Schönheit selbst. Die Schönheit selbst können wir nicht weiter definieren; sondern ganz bestimmte eigentümliche Seiten am sinnlichen und formalen ästhetischen Gegenstand bezeichnen wir einfachhin als schön. Auch in der Weise, wie Form und Ausdruck ineinandergehen, kann ich wiederum eine Schönheit höherer oder höchster Art erfassen. Grenzen des Schönen werden überschritten durch Überbetonung des Formalen, Überwiegen von konventionellen oder modehaften schönen Formelementen, Untergewicht oder auch Überladung des Ausdrucks usw.

Eine *Modifikation* des Schönen ist das Niedliche. Was hier die Modifikation ausmacht, ist ein bestimmter Grad, eine Kleinheit, eine kleine Art von Schönheit.

Das Merkmal der Größe ist fraglos ein brauchbares Merkmal, so daß wir vielleicht zur Bestimmung des Schönen mit mittleren Werten gelangen. Der Größen-Index kann wachsen in die Extreme; das ganz Kleine kann nicht mehr schön genannt werden, das Übergroße schlägt vielfach in das Erhabene um.

Ein anderes Merkmal ist der Tiefen-Index, der prinzipielle Gefühlsgegensatz im Gebiet des Schönen, der den Gegensatz des Ernsten und Heiteren trifft. Dieser ist im ganzen künstlerischen Gebiet von außerordentlicher Bedeutung. Da ergeben sich die

Grundhaltungen nach der Tiefe: ernste Schönheit, lachende oder heitere Schönheit. Größe und Tiefe spielen merkwürdig ineinander über; z. B. heitere Schönheit, kleine Schönheit.

Das Moment des *Häßlichen*. Die Anwendung des Häßlichen im Gebiet des Ästhetischen, speziell im engeren Gebiet der künstlerischen Darstellung zeigt, daß das Häßliche als solches in die künstlerische Darstellung aufgenommen werden kann. Das ist ja das Problem des Häßlichen: die Aufhebung der Unlust, die es zunächst erzeugt, und die geeignete Art, sie nun in die Darstellung aufzunehmen. Zum Beispiel, ich sehe in einer Landschaft einen verkrüppelten Baum. Verkrüppelungen sind in dieser einfachsten Hinsicht unschön. Es steht aber der Baum in einer Landschaft, er hat einen bestimmten Charakter in dieser Landschaft, z. B. Sturmlandschaft mit zerfetztem Baum, ärmliche Landschaft mit verkümmertem Baum. Und nunmehr bekommt der Baum das Moment der ästhetischen Wahrheit, und dadurch wird der häßliche Gegenstand zu einem notwendigen Faktor. Es ist nicht etwa, daß die Häßlichkeit durch andere Momente aufgehoben würde oder daß ein besonderer Kontrast geschaffen würde, sondern der häßliche Gegenstand erhält eine besondere Funktion, die Charakteristik.

Es sind Grenzen gezogen zwischen der charakteristischen und der schönen Darstellung. Ein solcher Grenzfall ist die *Karikatur*, die dem Typus des Charakteristischen angehört. Aus der Erfahrung weiß man, daß hier die Grenze des Künstlerischen überschritten werden kann, nach der formalen und der inhaltlichen Seite hin in verschiedener Weise.

Wie ist es mit dem Häßlichen als Kontrastwirkung? Zur Erklärung hierfür wird besonders auf die Musik zurückgegriffen. Wo keine Dissonanzen sind, kommt auch keine Schönheit zustande; die Dissonanz muß also die Konsonanzen unterstreichen. Dadurch ergibt sich die Schlußrechnung, die Summe der Unlustwirkungen wird durch die Summe der Lustwirkungen aufgehoben. Diese Rechnung ist übrigens nicht lächerlich; sie spielt im Tragischen eine verhängnisvolle Rolle. Im Kontrast ist nicht die Häßlichkeit als solche, nicht der Kontrast als solcher wertvoll, sondern was im Kontrast steht, was hier ausdrucksnotwendig ist, was hier geistig einander gegenübergestellt wird; die Wahrheit der Zeichnung wird als notwendig aus dem Kontrast kommen. Das Häßliche, wo es in einer einfachen, elementaren ästhetischen Betrachtung als häßlich erscheint, wird nur dann ästhetisch wirksam, wenn es nach einer ganz andern Hinsicht als ein Wahres erscheint. Die Häßlichkeit, die uns hier entgegentritt, liegt stets auf Seite des Inhalts. Die formale Häßlichkeit wird niemals zu einem brauchbaren ästhetischen Gegenstand.

Man hat dem Schönen als gleiche Wertkategorie das Charakteristische entgegengestellt. Es ist diejenige Erscheinungsweise, in der der ästhetische Gegenstand als wahr erscheint. Es kann sich nur auf das Ausdrucksmoment beziehen; es ist die Grundkategorie des Ausdrucks.

Kant hat das Gebiet der ästhetischen Kategorien in zwei Gruppen geteilt, in das Schöne und das Erhabene. Was hier u. a. übersehen ist, ist das Moment, daß sich nicht alle Gruppen in diese beiden Abteilungen einreihen lassen. Denn das *Erhabene* ist als solches primär eine Wirkungskategorie, die von dem Ganzen als Reiz ausgeht und eine ganz bestimmte Art der Stellungnahme andeutet. Es kann aber auch eine ganz spezielle Ausdruckskategorie sein. Kant unterscheidet das dynamisch und das mathematisch Erhabene. Nach einer anderen Erfassung des Erhabenen handelt es sich nicht um ein ethisch-rational Faßbares, sondern ein irrational Religiöses. Jedoch kennzeichnet sich die Erhabenheit dadurch, daß ihre Wurzeln nicht religiös, sondern ethisch sind.

Es gibt auch eine Form der Behandlung, und hier nun können wir tiefer gehen. Der ästhetische Gegenstand kann als Gesamtgegenstand ein großer oder ein kleiner sein; und dieses Groß und Klein ist eine Werterfassung, die nicht in der Form besteht, daß das Große mehr Wert hätte als das Kleine; sondern das Große hat einen anderen Wert. Auch das Groß und Klein sind Wertordnungen eigener Dignität. Mit dem Moment Erhabenheit ist eine gewisse übernormale Größe des Gegenstandes verbunden; daß ich einen Gegenstand als erhaben erfasse, hat zur Voraussetzung, daß er eine Größe in sich schließt, die das gewöhnliche Format übersteigt. Alle übergroßen Dimensionen und innerlich gerechtfertigten Formen erzeugen in uns den Eindruck, daß es um eine Erhabenheit der Behandlung geht; z. B. die in Riesenformen angelegte IX. Symphonie von Beethoven, die riesige Formsprache von Michelangelo. Das absolut Große, sei es der dynamischen oder der mathematischen Form, ist ein solches Erhabenes. Und hier an dieser Stelle sind wir genötigt, gerade umgekehrt zu sagen: Die Erhabenheit der Behandlung ist eine bestimmte adäquate Form, bestimmte höchste Ideen künstlerisch auszudrücken.

Das Moment der Schönheit ist gebunden an eine gewisse Begrenzung nach oben und unten, gebunden an eine absolute Geschlossenheit. Das Erhabene ist prinzipiell nie geschlossen; prinzipiell sind hier Momente enthalten, die über die normale Fassungskraft hinausgehen. Das Erhabene ist also immer eine Kategorie des Unendlichen. Umgekehrt, wo objektive Gegenstände von einer gewissen Unendlichkeit vorhanden sind, das ist bei bestimmten ethischen und religiösen Momenten der Fall, da haben wir ein bestimmtes Anwendungsgebiet dieser Kategorie. Damit erklärt sich auch der Irrtum, das Erhabene als außerästhetisch anzusehen.

Das Erhabene soll zum *Komischen* in einem Kontrast stehen. Davon kann keine Rede sein! Wo ich eine Bedeutung, die der Gegenstand erheischt, als nichtig, bedeutungslos finde, da liegt das Lächerliche; überhaupt wo die Nichtigkeit eines Gegenständlichen in einer besonderen Art der Anschaulichkeit aufgezeigt wird, ist das Komische. In der Aufzeigung der Nichtigkeit kann auch Geist wirken; dann ist es ästhetisch. Eine Kleinheit des Gegenstandes, die erst in einem bestimmten ästhetischen Erfassungsprozeß als solche erkannt wird – eine Modifikation des Schönen etwas nach dem Klein-Schönen, Graziösen, Duftigen usw. hin –, darin liegt die Wirkung des Komischen. Darin liegt nun auch ein psychologisches Moment, ohne das es eine Komik überhaupt nicht gibt. Dieses Formalmoment der Spannung auf die Gegenständlichkeit ist überall vorhanden. Worauf wird die Spannung gerichtet? Auf ein relativ großes Erlebnis. Und statt dessen kommt im geeigneten Augenblick ein Umschlag, eine Nichtigkeit, und diese Aberration ist lächerlich, sinnlos. Und das Sinnlose spielt ja in der Komik die wichtigste Rolle. Man könnte nun sagen, die Komik beruhe immer in einem Ablauf, nicht in einem Simultanen. Das wäre aber falsch. Alle sukzessive Komik arbeitet mit dem Moment des Umschlags. Wir geben uns z. B. einem Witz gern hin. Im Prinzip kann er aber nur einmal wirken, weil nur im Einmaligen die eigenartige Lösung gegeben ist; diese Einmaligkeit hängt damit zusammen, daß diese Spannung auch nur einmal erlebt wird. So steckt also in aller Komik das Moment der gegebenen Situation, der gegebenen Einmaligkeit. Wenn ich an einem Witz doch immer wieder Gefallen finden kann, muß es schon das Moment der geistreichen Art sein, in der das Spannungsmoment herbeigeführt wird; es wird die Darstellung mitgenossen. Dadurch unterscheidet sich die geistvolle Komik von der ungeistvollen und lächerlichen Wirkung; dort die Möglichkeit geistvoller

Ausblicke nach anderer Richtung hin, die Beziehung zu anderen Erscheinungen hinüber; hier die Unmöglichkeit dessen; dort ist es der Reichtum, die Mannigfaltigkeit dessen, die in der komischen Wirkung die Werthaltigkeit derselben innerlich bedingt.

Das Erhabene beruht vorzüglich auf einer Gemütswirkung, die freilich durch höchste Gedankenreihen mitbedingt sein kann. Das Erlebnis der Komik dagegen beruht in erster Linie auf der intellektuellen Seite; sogar in der Unfähigkeit des Unintellektuellen, nachzukommen, kann noch eine Eigenart der Komik gegeben sein.

Das Musikalisch-Komische enthält immer einen Widerspruch in sich, sei es der Klangfarbe, sei es höherer Beziehungen. Wenn dunkle Töne dünn und fadenscheinig klingen, so wird dieser innere Widerspruch als komisch empfunden. Der Hörer erwartet im tiefen Ton unwillkürlich den Nebeneindruck des tiefen, klangvollen Volumens und sieht sich hierin getäuscht. Gewisse instrumentale Komikwirkungen der Musik beruhen auf solchem Widerspruch, vor allem die Verwendung des Fagottklangs. In harmonisch-tonalen Beziehungen tritt das Wesen der komischen Wirkung in Erscheinung, z. B. in einem Motiv wie f—c—h, wo der dritte Ton mit dem vorausgehenden Intervall nicht in Beziehung zu bringen und der Aufstieg sinnlos ist.

Ist das *Tragische* als bestimmt abgrenzbare Kategorie eine ästhetische? Oder stellt sich das tragische Erlebnis als außerästhetisch dar? Eine analoge mißverständliche Ausdeutung der Kategorie des Tragischen liegt hier vor wie vorher beim Erhabenen und Komischen. Ein prinzipielles Mißverständnis ist dies: In psychologischer wie spekulativer Hinsicht wurde das Material des Tragischen zur Wesensbestimmung des Tragischen als solchen herangezogen. Zunächst liegt ein Grundbegriff vor: menschliche Persönlichkeit, die im Zentrum der Betrachtung steht; also im Gegensatz zur Unpersönlichkeit, bzw. Außerpersönlichkeit des Erhabenen, aber in einer gewissen Parallele (jedoch in anderer Durchführung) zum Persönlichen im Komischen.

Im Tragischen ist zunächst der Untergang des Persönlichen, die Vernichtung des So-seins-Wertes der Persönlichkeit gegeben. Formal betrachtet ist es eine Notwendigkeit alles tragischen Geschehens, daß der Persönlichkeit, die unterliegt, ein Wert zukommt; nur der Persönlichkeit gegenüber, die einen Wert hat, kommt man zu einer Tragik. Das läßt sich bereits in den Vorkommnissen des täglichen Lebens erkennen. Aber das ist die Frage, ob der Wert, den wir der Persönlichkeit zuschreiben usw., auch ein ästhetischer ist. Es ist richtig, daß die wesentlichsten Werte, welche die Persönlichkeit als Gestalt zu einer Einheit zusammenschließen, fast immer ethische Werte sind. Es müssen ethisch hochwertige und ethisch minderwertige Persönlichkeiten abgegrenzt werden: aber beide kommen in der Tragik vor. Was sie zu Inhalten einer tragischen Handlung machen kann, ist die Größe. Demgegenüber gibt es Persönlichkeiten, die gar nichts von

Größe haben, nur absoluten Durchschnitt aufweisen; und dennoch verbindet sich auch mit ihnen tragische Wirkung, und dies deshalb, weil sie hier in den Konflikten mit der Umwelt, mit bestimmten Gegebenheiten ästhetisch verständlich und genossen werden.

Alle Theorien des Tragischen im 17. und 18. Jahrhundert befassen sich mit der Frage: Was bewirkt den Untergang der Persönlichkeit? Ihr liegt eine wesentliche Idee zugrunde, daß im Untergang eine „Schuld" gesühnt werde, daß ein ethisches Moment „Schuld" in den Untergang hereinreiche. Schon in der Aufstellung der Frage zeigt sich der ethische Charakter der Einstellung. Das Moment der Größe ist nicht prinzipiell gefordert. Aber ein Moment ist allen tragischen Entwicklungen gemeinsam, wenn wir uns nach der Motivation des Untergangs umsehen. Dieser muß absolut notwendig sein; eine Schicksalsmäßigkeit für eine bestimmte Person in einer bestimmten Situation, eine innere Wahrheit in der Abfolge der Entwicklung muß vorhanden sein. Dieses nun ist ein absolut ästhetisches Moment. Gerade nach dieser Hinsicht wird sekundär eine große, ja wesentliche Stütze des Tragischen bei Einführung der Schuld erwachsen. Der Held muß nicht das Gefühl haben, eine Schuld zu tragen. Bei dem Betrachter ist es umgekehrt, er sieht in der Schuld eine Notwendigkeit. Also, es gibt eine Tragik mit Schuld und ohne Schuld. Wichtig ist die Schlußwirkung. Wir erfassen die Persönlichkeiten dann als tragisch, wenn wir die ganze Entwicklung des Falles so ansehen können, als ob sie innerlich ganz motiviert sei. Gleichbleibend ist also eine als werthaft erfaßte Persönlichkeit, daneben aber eine unendliche Mannigfaltigkeit in der Ausgestaltung der tragischen Wirkung nach dem Weltanschaulichen, sei es pessimistisch oder optimistisch. Das hindert aber nichts daran, daß das Wesen des Tragischen ästhetisch ist.

Das Moment des Tragischen ist an größere Zusammenhänge, an ein System von Entwicklungen und Motivierungen gebunden. Wie sehr kann die Musik im Zusammenhang des Dramas das Tragische, die Wirkung des Tragischen vertiefen! Kann auch das rein musikalische Kunstwerk das Tragische darstellen? Diese Frage dürfte sich bereits an Beethovens Eroica entscheiden.

Die ästhetische Werterfassung erfolgt also in einer Gruppe letzter Kategorien, die wir aufstellen und in ihrem inneren Zusammenhang erst klar erfassen müssen. Diese Kategorien sind nicht bloß Seins-, sondern echte *Wertkategorien,* und zwar spezifische Wertkategorien. Bei der Analyse derselben wird uns begreiflich, worin letzten Endes die Akte der Wertung des ästhetischen Gegenstandes bestehen. –

Neben den ästhetischen Wertkategorien lagern sich noch weitere ästhetische Kategorien. Wir haben auch eine Gruppe von *künstlerischen Kategorien,* die in ihrer Ausbildung auf die einzelnen Künste zurückzuführen sind, in ihrem Wesen aber allgemeine Gültigkeit haben. Es sind die Kategorien des Malerischen,

Plastischen usw., des Lyrischen, Epischen usw. Sie haben die Eigenschaft an sich, Wesenseigentümlichkeiten nach allgemeingültigen Darstellungsmöglichkeiten des ästhetischen Gegenstandes auszumachen. Allgemeingültig heißt hier: sie sind unabhängig von dem betreffenden Darstellungsmaterial usw. Hier wird dann bedingt, was man die *Einheit und Einhelligkeit aller Künste* nennen könnte.

Diese Kategorien werden erst durch spezifische Umformung und Ausgestaltung aus technischen Kategorien zu ästhetischen. Das malerische, plastische usw. Schaffen ist zunächst an die Bildlichkeit der Darstellung, die Abbildungs-Eigenschaft, die Zeichenzuordnung gebunden. Die ästhetische Ausgestaltung besteht darin: wir suchen diese Zeichenzuordnung an anderen Künsten, wo sie nicht zunächst gegeben ist, zu erfassen; wir suchen sie zur näheren Erklärung der Eigenart des Kunstwerks aus einem anderen Kunstgebiet heranzuziehen. So kennen wir z. B. am Poetischen, Malerischen eine bildliche Zuordnung und sagen etwa: eine bestimmte Ausarbeitung einer Situation sei poetisch, eine andere sei malerisch gesehen; wir sagen von einem Thema im Musikalischen, es habe plastische Form, oder es wirke malerisch.

Während das *„Zeichnerische"* sich durch Geschlossenheit der Form charakterisiert, zeigt das *„Malerische"* eine gewisse Offenheit der Formgebung. In der Raumbehandlung ist das Zeichnerische hingewiesen auf eine Flächenzuordnung, das Malerische auf eine Flächenauflösung nach Seite der Tiefe hin und auf eine Subordination aller Gestaltung auf einen besonderen Blickpunkt hin. *„Plastisch"* ist ein Gegenstand gearbeitet, wenn der Nachdruck der bildlichen Anschaulichmachung auf dem Einzelwert und einer Geschlossenheit, ähnlich wie beim Zeichnerischen liegt. Für zeichnerische Behandlung der Musik, die natürlich die formale Anlage stark herausarbeitet, und für plastische Behandlung derselben, die meist mit betonter Ausdrucksgebung verbunden ist, aber auch schon in der Themengestaltung der absoluten Musik sich ausprägen kann, hat bereits der durchimitierte Stil der Renaissance=Periode (samt ihrer Sonderrichtung der Musica reservata) unübertreffliche Vorbilder aufgestellt. Die malerische Behandlung in der Musik geht nicht zunächst auf Ausdruck, sondern primär auf Reiz aus. Der Kern aller malerischen Gestaltung geht darauf hinaus, die reine Form als solche aufzulösen, das Ganze als ein Spiel von Licht und Farbe darzustellen. Von malerischer Haltung sprechen wir auch da, wo zunächst einmal diejenigen Seiten am Reiz, die der linearen Formzeichnung dienen, weitgehend aufgelöst werden. Die moderne Orchestrierung ist eine typisch malerische Behandlung der musikalischen Reizqualitäten wie auch der musikalischen Form in dem Sinn, daß alle sinnlichen Gegebenheiten des Klanges außerordentlich betont werden. Malerische Behandlung und Tonmalerei sind nicht ein und dasselbe. Tonmalerei ist etwas von außen Kommendes, eine bestimmte Form von Ausdrucksgehalt. Malerische Darstellung ist eine bestimmte Behandlung von innen heraus, die zur Erhellung der musikalischen Form führen muß. Ganz besonders malerisch erscheint Schubert.

Es gibt *tektonische* und atektonische Formen; hier haben wir eine kategoriale Bestimmung, die aus der Architektur übernommen ist. Tektonische Formen haben wir in der Musik dann, wenn die klare Zentrierung von schwer und leicht und die Gruppierung erfaßt wird. Dadurch ist z. B. die Fuge eine durch und durch tektonische Gestalt, weil sie die Schwerpunkte sofort erfassen läßt; darum ist auch die Sonatenform eine tektonische Gestalt. Es gibt in der Musik auch eine Reihe von Gestalten, die nicht tektonisch sind, z. B. die Liedform an sich; erst in der Musik des 18. Jahrhunderts (rund gesagt) wird sie tektonisch.

Was macht das *„Musikalische"* als solches zu einer neuen Kategorie? Es kann keine Rede sein davon, daß alle musikalische Gestaltung dieser Kategorie untergeordnet werden könnte. Gerade die spezifisch größten und geformtesten musikalischen Werke sind nicht in diesem Sinne „musikalisch" zu nennen; sie betonen das „Tektonische" und in der Ausdrucksgebung das „Plastische". Den Weg zum „Musikalischen" finden wir nur, wenn wir die Zeichenzuordnung in der Musik als spezifisch eigenen Wertfaktor in die Betrachtung hereinziehen. Da zeigt sich immer wieder, daß die Musik eine primäre gegenständliche Zeichenzuordnung nicht besitzt. Das ist eigentümlich ganz und gar für sie allein. Die Architektonik schafft in ihrer Formung den Gegenstand als sinnlich-anschaulichen Gegenstand. In der Musik entsteht ein Gegenstand, der nur als ästhetischer Gegenstand existieren kann. Der architektonische Gegenstand kann außerästhetisch sein. In der Musik bedeutet der außerästhetische Gegenstand gar nichts. Diese Ungegenständlichkeit ist es, die wir als spezifisch „musikalisch" erfassen. Diese Ungegenständlichkeit ist nicht etwa formaler Art, sondern bezieht sich auf ein inhaltliches Moment, auf die Zuständlichkeit des Seelischen; da nur reden wir vom „Musikalischen". Dieses Zuständliche im Gebiet des Seelischen ist Stimmung, Gemütsbewegung; es sind die feineren seelischen Differenzierungen, für die wir im Gegenständlichen keine Bezeichnung haben. Und überall, wo der Nachdruck auf diesen Zuständlichkeiten ruht, haben wir nicht nur in der Musik, sondern in allen Künsten das „Musikalische".

Das sehen wir in der Malerei; in der Hauptsache tritt es in Gebieten auf, die primär keine rechte Zuordnung haben, z. B. in der Landschaft, im Stilleben. Ebenso sehen wir es im Poetischen; wir sprechen hier von „musikalischer" Wirkung zunächst dann, wenn wir das zunächst Gegebene als Stimmung erfassen, die in keinem fixierbaren Zusammenhang mit dem Gegenständlichen gewonnen wird. Beobachten wir das Lyrische! Hier können wir genau die Scheidung ziehen zwischen einer „musikalischen" Lyrik und einer anderen, die nicht musikalisch ist, wie die sogenannte Gedankenlyrik. Letztere ist an das spezielle Erfassen des Gedankeninhaltes gebunden. Wir sprechen aber von einer Stimmungslyrik im engeren Sinn, von einer musikalischen Lyrik, wenn das Gegenständliche als repräsentativer Gehalt für die Wirkung mehr sekundärer Natur ist, wenn es mehr Schale ist, in der uns die Stimmung geboten wird. Auch hier haben wir ein ganz bestimmtes Zusammenfallen von formalen und inhaltlichen Zeichenelementen. Sobald wir uns im Lyrischen einer Stimmungserfassung zuwenden, die nicht von dieser rein zuständlichen, sondern gegenständlichen Art ist, schlägt die spezifisch „musikalische" Stimmungsdarstellung in eine andere Art über, in das „Poetische".

Worin liegt das Moment, das wir, wiederum ausgehend von einer bestimmten künstlerischen Haltung, das *„Poetische"* nennen? Wir gehen wieder aus von Fällen, wo das Poetische im übertragenen Sinn angewendet wird. Wann sagen wir von einer malerischen Darstellung, daß sie poetisch ist? Wir denken an Böcklin, Schwind, die Historienmalerei. Da kommt der Sinn des Erzählenden dazu; das Bild als solches ist durch die anschauliche Begebenheit noch nicht vollständig, die Sinnzuordnung ist wesentlich für die Erfassung. Zur technischen Simultanëität, tatsächlichen Simultanëität wird etwas hereingezogen, das noch nicht simultan, sondern in einer Folge, und zwar in einer Folge eines Sinnzusammenhangs erzählender Art gegeben ist. Der Bedeutungsinhalt, das Seelische, das uns in dieser Art der Zeichenzuordnung gegeben ist, trägt alles; ein persönliches Moment, das Persönliche und die Zentrierung des Ausdrucksinhaltes um ein Persönliches steht im Vordergrund der Darstellung. Ein derartiges Poetisieren im Malerischen können wir uns nicht denken ohne eine solche persönlich charakterisierende Note.

Auch in der Musik ist es so. Auch hier werden Themata, Inhalte usw. zu „poetischen" Entwicklungen, wenn der Charakter, der hier vorliegt, nicht ein objektives, sondern ein persönliches Moment enthält. Wir können das sehen, wenn solche poetische Formen mit Inhaltsbestimmung und ohne Inhaltsbestimmung vorliegen. Eine poetische Form kann z. B. die Reihungsform der Motette sein. Das Gebilde aber, der Motettenstil überhaupt, ist noch weit entfernt, ein „poetischer" musikalischer Ausdruck zu sein. Er wird es erst dann, wenn in dieser Formgebung das inhaltliche Moment einer Personifizierung, einer besonderen persönlichen Äußerung sich mit dem Musikalischen verbindet, z. B. die Hohe-Lied-Motette „Descendi in hortum meum" von Palestrina.

Bestimmte Arten der musikalischen Behandlung sind *dramatisch, lyrisch, episch.* Das Hauptmoment des Dramatischen, Kampf und Lösung, wurde bei den Ausdrucksaspekten und der Kategorie des Tragischen berührt. Das Lyrische ist besonders soeben bei Besprechung der künstlerischen Kategorien behandelt worden. Als Repräsentanten des epischen Stils haben wir die Motette und wohl mit Recht auch die Fuge am Schluß des Gestaltungskapitels angesprochen.

Wenn z. B. im Lyrischen eine Stimmung primär herausentwickelt wird aus natürlicher Zeichenzuordnung, vor allem aus einer bestimmten Zuordnung der Sprache, wo wir von einer „musikalischen" Lyrik sprechen, da gehen wir hinaus aus der spezifisch poetischen Kategorie und hinüber in das Musikalische. Hiermit wird ganz und gar nicht ein Werturteil gefällt. Die spezifisch „poetisch"-dichterische Leistung ist an sich nicht wertvoller als die „musikalisch"-lyrische Leistung. Darin liegt umgekehrt der Reichtum der künstlerischen Ausdrucks- und Gestaltungsfähigkeit, daß die ästhetischen Grundgehalte der einen Künste kategorial bei bestimmten Voraussetzungen übertragen werden können auf andere Künste. Es ist bedenklich zu sagen, eigentlich „malerisch" sei erst der Barock, die Renaissance sei es noch nicht. Letztere ist es eben nicht im Sinne des Kategorie-seins; sie steckt sich andere Ziele, die in den Renaissancetypus hineingearbeitet sind. Die Entwicklung der zeichnerischen Kunst von einer linearen zu einer malerischen hat gar nichts zu tun mit einer Entwicklung des Sehprozesses, ob ich mehr das Materielle oder mehr das Geistige erfasse. Die Entwicklung geht nicht nach dem Schema, daß die Erarbeitung des Spezifikums einer Kunst nur am Ende dieser Kunst stehe, wie supponiert wird z. B. mit der Behauptung, erst in der Kunst des 18. Jahrhunderts habe die Musik ihre spezifisch musikalische Art erobert.

Wir können keine Entwicklungslinie in diesem Sinne ziehen; vielmehr begegnen wir in den weltanschaulichen Zusammenhängen, in denen die künstlerische Gestaltung auftritt, einem nie ruhenden Wechsel von *heteronomen und autonomen Kategorien.* Dieses Hindrängen zu einer Autonomie im Musikalischen, Malerischen, Poetischen sind Entwicklungen, die nur im Weltanschaulichen erfaßt werden können; ebenso dieses Abdrängen. Es gibt Perioden, die hier das Malerische, dort das Architektonische, dann wieder das Plastische in das Gesamtbild der künstlerischen Darstellung hineinordnen. Gerade die Musik des Barocks z. B., die mit der Malerei des Barocks ganz stimmungsverwandt ist, drückt die Autonomie der barocken Formen aus.

7. KAPITEL

Der Stil

In den vorausgegangenen Kapiteln wurde eine bestimmte Aufgabe gelöst, nämlich die Analyse des individuellen Kunstwerks auf seinen ästhetischen Gehalt hin. Die einzelnen Gehalte wurden aus dem künstlerischen Zusammenhang herausgehoben und ihre eingehende Darstellung versucht. Drei große Gruppen von ästhetischen Stellungnahmen zum musikalischen Kunstwerk haben wir dargelegt: 1) sinnlicher Reiz der Darstellung als solcher, 2) logischer Aufbau der musikalischen Zusammenhänge zu geschlossenen musikalischen Gestalten, 3) die Beseelung dieser äußeren Momente, die Schaffung eines seelischen Gehalts in und hinter dem klanglichen Aufbau.

Diese Faktoren schließen sich im echten Kunstwerk zu einer Einheit zusammen. Der Genuß dieser *Totalität* ist etwas viel Größeres, Lebendigeres als etwa der Genuß eines jener aufbauenden Momente. Hier macht sich wieder der Grundsatz geltend, daß das Zusammenwirken der Einzelheiten nicht nur sinnlich eine Steigerung von Wohlgefälligkeiten ergibt, sondern auch logisch zum Aufbau bestimmter Gestalten führt, ferner, daß durch dieses Zusammenwirken der Genuß selbst eine Vertiefung und Bereicherung erfährt, die einer adäquaten ästhetischen Analyse widerstreben.

Eine unnennbar große Fülle von Beziehungen zum Genießen selbst tut sich auf. Im Zusammenwirken der Totalität liegt das, was Kant bezeichnet hat als ästhetische Idee; unnennbare Gedankenfülle, der kein Wort, das diesem Begriff entspricht, voll zu entsprechen vermag. Das ästhetische Genießen liegt letzten Endes in jener Summe der Gehalte.

Zunächst denke ich gar nicht an den Künstler, der hinter dem Kunstwerk steht. Aber es kann mir das Kunstwerk auch als *Ausdruck einer gewissen künstlerischen Geistigkeit* erscheinen. Wenn ich auf diese künstlerische Geistigkeit eingestellt bin, dann gehe ich über das bloße Werten hinaus, ich betrachte das Kunstwerk als Schöpfung. Und diese Betrachtung stellt eigentlich die *Stilbetrachtung* dar. Wo ich ein Kunstwerk als Stileinheit betrachte, da erfasse ich es in einem anschaulichen Gebilde. Hier treffe ich die höchste Betrachtung des Kunstwerkes.

Die Stilbetrachtung ist die Sphäre, die nur dem ästhetischen Kunstgegenstand zukommt, nicht dem Naturgegenstand. Der ästhetische Naturgegenstand hat keinen Stil.

Jede einzelne Konkretisierung des Zusammenhangs der musikalischen Idee stellt eine musikalische Eigenart für sich dar. Die Formung der sinnlichen Momente ist in jedem Kunstwerk anders, ebenso die Verteilung der Ausdrucks-Aspekte. Hiermit stellt sich ein persönliches Moment dar, dieses Persönliche in Formung und seelischem Ausdruck kann im Kunstwerk mit verschiedener Stärke betont sein. Das ist dann *Persönlich-*

keits=Charakter. Man nehme z. B. ein Adagio von Beethoven oder eine Etüde von Czerny. Formung und seelischer Gehalt sprechen etwas Persönliches aus; sie können nur bezogen werden auf eine engere Gestaltung, die wir als Persönlichkeit des Künstlers erleben. Das ist jene zum Typischen erhobene, jene aus realem Erleben abstrahierte Form und Komplexion des seelischen Ausdrucks. Das ist „Persönlichkeit" des Künstlers. In diesem Sinn können wir von Persönlichem im Kunstwerk sprechen. Nur müssen wir uns hüten, das Persönliche im Leben des Künstlers wiederfinden zu wollen; nicht das persönliche Erleben, sondern das Typische im Ablauf des seelischen Erlebens ist es, was wir als persönliches Moment im Kunstwerk auffassen.

Heutzutage ist es üblich geworden, die Stilbetrachtung von den übrigen Betrachtungen loszutrennen. Man hat die Stilbetrachtung als die kunstwissenschaftliche Betrachtungsweise bezeichnet. Aber in der ästhetischen Betrachtung des Kunstwerks steckt die Betrachtung nach Stilprinzipien darin; sie bildet sogar die Krone. Man kann niemals die Stilbetrachtung von der ästhetischen Betrachtung loslösen; man kann nicht künstlerische Analyse ohne ästhetische Betrachtung treiben. Mit dem Begriff von Stilen können wir niemals etwas anfangen, es handelt sich um ein Erfassen in Form der Anschauung. Es hat auch nicht jedes Kunstwerk seinen eigenen Stil im Sinn der kunstwissenschaftlichen Periodeneinteilung. Der *Stilbegriff* ist letzten Endes *kein Typenbegriff;* der Stil der Mondschein=Sonate, der Apassionata ist einmalig, ist nicht

Typus, nicht ein in verschiedenen Formen Wiederkehrendes. Wir meinen immer unter Stil nicht nur die Geistigkeit, die gerade hinter dem einzelnen Kunstwerk steckt, sondern die Geistigkeit als eine sich auch anderweitig ausdrückende Eigenschaft dieses Kunstwerks; überall in der kunstwissenschaftlichen Stilbetrachtung gehen wir über das einzelne Kunstwerk als solches hinaus; wir setzen es bestimmt oder unbestimmt in Vergleich mit anderen Kunstwerken. Wenn ich in Kunstwerken erst bestimmte Regelmäßigkeiten suchen muß, aus denen ich dann erst schließen muß, dann bin ich von einem lebendigen Stilerfassen weit entfernt. Alle *wissenschaftliche Stilanalyse* geht darauf hinaus, das, was in einer unmittelbaren Anschauung gegeben ist, bzw. gegeben sein könnte, in ein erkenntnismäßiges System zu bringen.

Es ist das Charakteristikum aller Stilerfassung, daß ich im Einzelfall *typische Züge* auffasse. In allen Einzelmomenten der Gegebenheit eines Kunstwerks läßt sich die Art und Weise der Behandlung dieser Gegebenheit als ein *Stilmoment* abheben. Überall ist die Behandlung der Form usw. Zeichen der schöpferischen Geistigkeit. Überall sind Stilmerkmale als Gebilde zu verstehen, die als Behandlungsweise der ästhetischen Form usw. typische Behandlungsweisen darstellen, die ich in Reihen entwickeln kann, d. h. die ich in einer Anzahl von Werken des gleichen Schöpfers oder verwandter Schöpfer nachweisen kann. Diese Stilerfassung gibt mir vor allem – über die reine Stilerfassung hinaus, über die reine Gegenständlichkeit hinaus — eine künstlerische Anschauung und Einstellung nicht nur der schöpferischen Persönlichkeit, sondern auch der betreffenden Zeit- und Kulturlage. Dadurch wird das Kunstwerk zu etwas ganz Neuem: es reiht sich in den großen Zusammenhang geistiger Strömungen und Entwicklungen ein.

Wir können dem Kunstwerk in verschiedenen Einstellungen gegenübertreten. Jedes *genießende Individuum* tritt zunächst in bestimmten Reaktionsweisen an den musikalischen Gehalt heran, die mehr auf das Formale oder mehr auf sinnliche Reize oder mehr auf Ausdrucksgehalt, und zwar in allen möglichen Abschattungen und Verflechtungen gerichtet sind. Dies ist bedingt einmal durch die Anlagen des Individuums, ferner durch die ästhetische Erfahrung, Bildung usw. des Individuums, die verengernd auf die an sich unbestimmten Möglichkeiten der Einstellung wirken. Diese Einstellung, die für den einzelnen Genießenden als charakteristisch bezeichnet werden kann, wird im vollwertigen ästhetischen Erleben in eigenartiger Weise modifiziert.

Das Kunstwerk und der Schaffende im Kunstwerk treten mit Forderungen an den Genießenden heran; du sollst dich so und so einstellen, anders z. B. auf eine Fuge von Bach, anders auf Chopin usw. Analysieren wir dieses „sollen"! Bestimmte Verhaltungsweisen, Einwirkungen des Objekts auf den genießenden Hörer sind durch die Struktur des musikalischen Ganzen bestimmt. Bei der Tanzmusik haben wir zunächst die Einstellung auf Bewegungs-Empfindung; erst durch die voll erfaßten Bewegungs-Eigentümlichkeiten erschließen sich seelische Gehalte. In der Programmmusik haben wir uns vorstellungsmäßig dem Tonwerk gegenüber zurechtzufinden. In einer strengen Fuge haben wir die Forderung, den Aufbau dieser Fuge möglichst voll durchzukosten; die konstruktive Arbeit dieser Musik ist an sich viel stärker zu betonen als etwa beim einfachen Lied.

Alle diese Forderungen treffen auf die individuelle Reaktionsweise des Genießenden, und es entsteht das eigentlich schwierigste Problem des ästhetischen Genießens: Wie wird im Einzelnen die individuelle Anlage umgemodelt, objektiviert durch das künstlerische Wollen, durch die Schaffung einer Intention des Kunstwerks? Bleiben wir bei unsern Einstellungen an sich stehen, so werden wir zu jener Weise des Genießenden gelangen, die rein persönlich die zusagenden Momente der Reaktionsweisen betont, die nicht konvenierenden ablehnt. Dadurch kommen wir zu einer Bewertung des Kunstwerks, die durchaus den Stempel des Individuellen, *subjektiv* Bedingten trägt. Derartige Wert-Beurteilungen des Kunstwerks bezeichnen wir als *Geschmacksbewertung*. Unter Geschmack verstehen wir nichts anderes als eine bestimmte Totalität von Einstellungen gegenüber dem musikalischen Kunstwerk, die teils aus der Naturanlage, teils aus der Erfahrung, aus Erleben, aus Zwecksetzungen in einen nicht mehr zergliederbaren Komplex zusammenfließen. Diese Geschmacksbeurteilungen aber werden wir, wie bereits Kant dargelegt hat, nicht das letzte

Wort sprechen lassen können. Wäre das Geschmacksurteil ein Letztes, nicht weiter Modifizierbares oder Korrigierbares, so wäre es um die Möglichkeit eines objektiven Wertgehaltes geschehen.

Es fragt sich: Welche Kriterien führen dazu, die subjektiven Geschmacksurteile in eine *objektive Bewertung* zu verwandeln? Die Antwort kann nur dahin lauten, daß nicht der Genuß an sich das letzte ästhetitische Ziel ist, sondern das Genießen in einer ganz bestimmten Art, die wir im Abschnitt über die phänomenologische Analyse des Genießens dargetan haben. Der objektive Wert des Kunstwerks liegt in der Eigen-Erscheinung des Kunstwerks. Die Erscheinung als etwas sinnlich Gegebenes zu erfassen, in diese Erlebnisweise immer tiefer einzudringen, in die Bedeutungs-Sphäre dessen, was rein sinnlich gegeben ist, hinein und in die Tiefe zu dringen, und zwar völlig frei von Beziehungen der kausalen Verknüpfungen, Zweckverknüpfungen usw., also rein durch die Anschauung, – dies bereitet uns den ästhetischen Genuß. Unter allen möglichen Formen des Genießens eines und desselben Kunstwerks gibt es nur eine bestimmte Gruppe von Genußweisen, die dem Kunstwerk adäquat sind, die alles erschöpfen, was an künstlerischen Bedeutsamkeiten im Kunstwerk vorliegt. Jenes Ausschöpfen der Bedeutsamkeiten ist eine seelische Verhaltungsweise, ein seelischer Prozeß, der intellektuelle und emotionale Momente wieder in einer Einheit in sich enthält. Die von uns betriebene Analyse hat nur den Sinn, im einzelnen darzulegen, wieviel an musikalischen Gegebenheiten herausgehört werden kann, und zwar mit einer objektiven Notwendigkeit herausgehört werden kann. Denn immer handelt es sich im Prinzip darum, die Bedeutung des Individuellen abzulegen, nur das allgemein Gültige, das Typische herauszuheben. So müßte sich an die Analyse der ästhetischen Gehalte eine umfangreiche Kriterienlehre von der Bewertung und Erfassung anschließen.

Ein weiteres Moment spielt eine vorzügliche Rolle: Jene Gehalte, die wir im Kunstwerk erfassen, sind in einer persönlichen Weise gegeben, sie sind individuell bestimmt. Aber diese individuelle Formung, diese „Handschrift des Kunstwerks" bildet einen eigenartigen Erlebnisgehalt, den wir mit einem analogen Wort, mit „abstrakt-real" bezeichnet haben.

Jene Eigenheiten werden zusammengefaßt mit dem Begriff *Stil.* Was ist also Stil im ästhetischen Sinne des Wortes? Das persönlich durchtränkte Zusammenwirken aller Einzelheiten der Materialgebung, Formung und Ausdrucksgestaltung zu einer Totalität. So werden alle jene Gehalte, die wir als ästhetisch wirksame Gehalte setzten, durch die neue Einstellungsweise für uns zu Stilgehalten und Stilmomenten.

Die *mannigfachen Formulierungen* des Stilbegriffs haben alle das gemein, daß sie das Wesen des Stils in eine *individuelle Totalität* setzen. Ob wir von einem Materialstil sprechen und damit die verschiedenen Bearbeitungen des Materials (Klang und Klangfarben, Instrumentation, Spieltechnik) treffen, ob wir Form-Stil, Milieu-Stil (z. B. kirchlich), Stilperioden (zeitlich) nehmen, stets ist wirksam, daß uns eine bestimmte Totalität zum Kriterium wird für die Einreihung, für die Auffassung. Greifen wir einen konkreten Fall heraus, den Stil eines bestimmten Zeitalters, etwa der Romantik! In diesem Stilbegriff liegt eingeschlossen eine Reihe von Merkmalen, die sich beziehen auf Formgestaltung, Klanggebung, Behandlung seelischer Gehalte, besonders auch Stimmungswerte, Stimmungsübergänge gegenüber den geschlossenen Stimmungscharakteren der klassischen Zeit, Klangwirkungen und Färbungen gegenüber der zeichnerischen Wirkung der klassischen Periode. Alle diese Dinge können wir begreiflich ableiten.

Für alle Stile ist einheitlich charakteristisch, daß sie überall eine Behandlung als Stiltypen finden; oder besser gesagt: alles, was wir unter den Begriff Stil fassen können, hat den Charakter einer *typischen Variation.* Wir können in den Kunstwerken in gewisser Hinsicht auf der Reiz-, Form- und Ausdrucksseite bestimmte relative Stilgehalte feststellen; aber ebenso läßt sich im Stilbegriff eine bestimmte Art von Reiz-, Form- und Ausdrucksbehandlung treffen. Es liegt in der Eigenart des Stils, daß eine bestimmte Behandlung von Ausdruck, Form und Reiz vorhanden ist. Die Behandlung eines bestimmten Instrumentes als des tongebenden Materials ist so für das einzelne Individuum wie für Epochen und Richtungen charakteristisch. Man vergleiche z. B. den Klavierstil bei Beethoven und Chopin; man denke an die Oboe als Lieblingsinstrument bei Händel und im Hochbarock. Bestimmte Arten von musikalischer Ausdrucksbehandlung sind dramatisch, lyrisch, episch. Gerade in diesen Stilgebieten von Reiz und Ausdruck müssen wir bei anderen Künsten Begriffe entlehnen; wir sprechen vom Malerischen und Poetischen in der Musik. Gerade diese Stilkategorien, die wir im vorigen Kapitel eingehend behandelt haben, diese übergreifenden Begriffe zeigen uns das Gesetz: Alle Künste stellen in ihren letzten Voraussetzungen eine eigenartig durchgreifende Einheit dar. Es wäre falsch zu sagen, der poetisch-musikalische Stil sei außermusikalisch. Er ist ebensowenig ein Weggehen vom Musikalischen wie in der Architektur das Malerische ein Weggehen von der Architektur bedeutet. Wo wir poetisierende Tendenz vor uns haben, dort haben wir eine Art Substruktion der musikalischen Form durch psychische Vorgänge und Stimmungen. Bei der Tonmalerei ist eigentlich kein unmittelbarer Stilbegriff vorhanden, sondern nur eine besondere Form musikalischer Ausdrucksgestaltung, die in einem tonpoetischen Stil eine außerordentlich große Rolle spielt.

Also, die Unterscheidung einzelner Stile und Stileigentümlichkeiten ist daran gebunden, daß das, was stilvoll oder stilbestimmend sein soll, als spezifisch individuell am ästhetischen Gegenstand uns entgegentritt. Wo Ausdrucksfunktion, Form usw. eine Rolle spielt, ist sie das Hervorragende, das Individuelle am Stil des ästhetischen Gegenstandes; und das *Individuelle* müssen wir fordern. Wo ein bestimmter Zweck stilbildend ist, ist der Zweck nicht bloßer Zweck, sondern eine bestimmte ästhetische Individualität, z. B. Kirchenstil; der Zweck soll sich in Form einer bestimmten Individualität kundgeben. So können wir das Band zwischen diesen Individualstilen, auch Kategorialstilen und Personalstil unschwer knüpfen. Der Übergang in diesen Stilgattungen ist beinahe ein fließender. Das *Persönliche* des Stils kann sich uns ästhetisch in gar nichts anderem darbieten als eben in der besonderen Art der Behandlung des Materials, der Durchbildung einer Form, der Wahl der Ausdruckssprache, der Stellungnahme der Persönlichkeit zum Inhalt. Darum wird sich uns auch eine betonte, eigenartige, individuelle Fassung der Materialgestaltung, Formgestaltung usw. als persönlich aufdrängen.

Nun sehen wir noch etwas, was mit Individuellem und Persönlichkeit nicht ganz zusammentrifft. Wo das Persönliche in seinem Allerpersönlichsten auch in seiner zeitbestimmten Einmaligkeit erfaßt wird, kann ich da von *Typus* reden, z. B. auch beim Beethoven-Stil? Im Stilvoll-sein, gerade im Personalstil erscheint auch eine typische Ausprägung; das Persönliche erscheint als ein Allgemeines, das in allen diesen Werken immer wiederkehrt; dadurch wird das Persönliche als ein einheitlich Wirkendes erlebt. Aus einem einzelnen Kunstwerk in seiner Isoliertheit könnte ich den Stil, einen Personalstil überhaupt nicht entnehmen, wenn nicht eine psychologische Erfassung des Stilhaften statt hätte.

Die *Zeitstile,* wie sie uns gegeben sind, stellen Persönlichkeiten dar, vertreten weltanschauliche Grund=

einstellungen, aus denen allein heraus die Sonderheit der Zeitstile verständlich werden kann. Es ist klar, daß der Zeitstil in viel leichterer Weise als stilhaft erlebt werden kann, weil das, was die Persönlichkeit einer ganzen Zeit ausmacht, an sich schon als ein Typus, nicht ein in verschiedenen Formen Wiederkehrendes, erfaßt wird; darum ist es uns leichter, Stilbegriffe im engen Sinn von Zeit-Charakteren zu bilden. In der kunstgeschichtlichen Arbeit sind es auch tatsächlich vor allem diese Bestimmtheiten, die wissenschaftlich zuerst erfaßt worden sind.

Bezüglich des *Individualstils* ist in neuerer Zeit eine Stilbetrachtung aufgetreten, die ihre Grundlage in einer *naturalistischen Auffassung* vom Wesen des Musikalischen hat. Es ist die Meinung vertreten worden, daß eine geistige Persönlichkeit als Schöpfer mit ein paar Symptomen in ihrer ganzen seelischen Struktur erfaßt werden könnte. Es ist dies die Folge eines barbarischen Naturalismus. Auf dieser Grundlage stehen Typenlehren wie Ottmar Rutz, Typenlehre, ferner Eduard Sievers, Schallanalyse (hierüber Cherbuliez, in „Bericht über den Musikwissenschaftlichen Kongreß zu Basel", Leipzig 1925), und Gustav Bekking, „Der musikalische Rhythmus als Erkenntnisquelle", 1928. Von Rutz und Sievers wird ein System von Bewegungen entwickelt, in denen wir, wie die Verfasser meinen, den Gehalt des Kunstwerks nachfühlen können. Im wesentlichen wird hier eine Ausdruckstheorie der Mitbewegungen versucht. Es sind da ganz bestimmte Mit-Einstellungen, in denen wir uns

— angeblich — auf das Geistige des Kunstwerks einstellen können. Man spielt z. B. Bach in einer anderen Körperhaltung als Wagner. — Es ist ohne Frage ein Verdienst Beckings, die ganze Theorie von Rutz auf ein spezielles musikalisches Programm eingerenkt zu haben, auf die Behandlung des musikalischen Rhythmus. Was Becking durchführt, ist eine Individualstilistik der Behandlung des Rhythmus als musikalisches Element. Alle rhythmische Handlung sei ein bestimmtes geistiges Tun; im Rhythmus seien uns zwei Faktoren gegeben: Rhythmus als Zeitverlauf und als Schwere-Reiz. Für die Art, wie sich der Musizierende mit der im Niederschlag der Taktakzente wirkenden Schwere auseinandersetzt, sollen drei Einstellungsmöglichkeiten verwirklicht sein, die mit einer Einstellung auf die Weltanschauung in Verbindung gesetzt werden: I. Typus: Goethe, Mozart; Hauptschlag spitz, Nebenschlag rund; monistisch, spiritualistisch, idealistisch. — II. Typus: Schiller, Beethoven; Hauptschlag rund, Nebenschlag rund; dualistisch, materialistisch, idealistisch. — III. Typus: Heim, Bach; Hauptschlag spitz, Nebenschlag spitz; dualistisch, spiritualistisch, naturalistisch. Die daraus abgeleitete Charakterisierung wird auf Nationen und Stilepochen auszudehnen versucht. Indes, streng genommen gibt es keinen reinen Zeitrhythmus und auch keinen Schwere-Rhythmus. Abzulehnen ist ferner die Auffassung, daß an dieser primären Einstellung auf den Rhythmus das ganze Problem des stilistischen Aufbaus klar gemacht werden könne. Es ist überhaupt unmöglich, aus nur einer Gegebenheit den individuellen Typus völlig eindeutig abzuleiten; es gibt keine einzige Stelle im musikalischen Schaffen, von der aus das ganze Problem des Schaffens einheitlich aufgefaßt werden könnte. Es ist völlig unbegreiflich, zu meinen, alle anderen musikalischen Ausdrucksmittel außerhalb des Rhythmus hätten keine Bedeutung. Immer zeigt sich die Stilistik als ein System von Symptom=Zusammenhängen; alle Stil=Analyse ist eine symptomatologische Methode.

Je mehr wir uns der stilistischen Erfassung des letzten Individuellen nähern, desto mehr begeben wir uns in eine Sphäre, wo die vom Technischen, Formalen, Ausdrucksmäßigen, von Zeit= und Ortverhältnissen abgeleiteten Stilbegriffe versagen und die Richtung immer mehr auf letzte, allgemein menschliche Typisierungen geht. Auch auf so engem Gebiet, wie es die Behandlung des rhythmischen Urelements darstellt, müssen für die letzte individuelle Charakterisierung gewisse Einstellungen allgemeiner Art herhalten, wie wir sie etwa bei Becking in den völlig ungeklärten Begriffsbildungen von Materialismus, Spiritualismus, Idealismus und Naturalismus antrafen. Als ob diese für bestimmte philosophisch=begriffliche Stellungnahmen geprägten Termini ohne diese ihre Beziehung zu den Problemen, von denen sie ausgehen, irgend etwas besagen könnten! Aber eines ist eben in ihrer Verwendung richtig gesehen: die Notwendigkeit, zu *weltanschaulichen Einstellungen* als typischen Weisen, die Welt anzusehen, vorzudringen.

Wenn wir bei *Mozart* finden, daß er dem ursprünglich sich gebenden *Rhythmus* eines Motivs mit Vorliebe den freiesten Lauf läßt, die Schwere einfach unterstreichend, selten weghebend, noch seltener gegen natürliche Schwereverhältnisse ankämpfend, während bei *Beethoven* so oft das Moment wollenden Neueingreifens, des Umformens und Umbildens der Schwereverhältnisse, ja des Ankämpfens gegen die natürliche Schwerematerie in der Motiventwicklung sichtbar wird, so ist bei diesen beiden die Schwerebehandlung für eine tiefer greifende geistige Einstellung symptomatisch; aber sie bleibt keineswegs allein. Die Stellung zur natürlichen *Akkordwelt* und ihren Verbindungsgesetzen trägt dieselben Züge. Man wird streiten können, ob wirklich Beethoven der größere Harmoniker ist als Mozart; aber darüber läßt sich kaum streiten, daß die Harmonik Beethovens immer an entscheidenden Stellen den Charakter des Neuen, bewußt Überraschenden, gegen die Gewöhnung Angehenden trägt, daß sie das Naheliegende durch Fremdes ersetzt und in dieser Überwindung ihre Freude hat. Das ist Sieg über die Materie. Wohingegen Mozart, harmonisch kaum minder kühn und raffiniert, seinen kühnsten Harmonien den Schein des Selbstverständlichen, Naturgewachsenen zu geben weiß. Nicht so sehr, daß etwas ganz Neues kommt, als daß es so selbstverständlich kommt, als könnte es gar nicht anders sein, — das ist es, was an Mozarts unerhört gewählter Harmonik immer wieder überrascht. Man muß sich erst überzeugen, daß es wirklich neu ist, —

weshalb man so leicht darüber hinweghört. Hand in Hand damit geht die *Dynamik* und *Agogik:* Bei Mozart aufgesetzte Lichter, Pointen, geistreiche Aperçu's am Natürlichen; bei Beethoven gewollte Individuation, Ausdruck des eminent Persönlichen, das von sich aus die Materie beherrscht. Überall erscheint Mozart besonders gerne als selbstverständlicher *Gestalter* an einem schon vorhandenen gesetzmäßigen Material, Beethoven als *Schöpfer* an einer Materie, die Chaos oder auch Banalität sein könnte. Das hat zunächst mit Idealismus oder Realismus, mit Spiritualismus oder Materialismus nichts zu tun, sondern ist eine eminent in der künstlerischen Arbeit verwurzelte Eigenart der Materialbehandlung. Es gibt realistische und idealistische Schöpfer und Gestalter, — wenn wir diesen beiden Begriffen den richtigen, d. h. auf die ästhetische Anschauung anwendbaren Sinn geben. Dann aber haben die Bezeichnungen wiederum mit dem nichts zu tun, was man in strenger Philosophie unter den Worten versteht. Raffael ist in mehr als einem Sinne Mozart verwandt, ist ein ganz ausgesprochener Gestalter; aber alles, was er gestaltet, ist Umformung des natürlich Gegebenen in eine ideale Welt des Schönen, das seine ihm eigenen, vom Meister nur herausgestellten, objektiven Gesetze hat. Einen Beethoven verbindet eine gleiche Auffassung mit Michelangelo und Rembrandt.

Auch die neuere Kunstwissenschaft hat sich bemüht, *letzte Gegensätzlichkeiten,* die jeden Stilunterschied bestimmen, herauszuarbeiten. Es liegt aber die

Unklarheit vor, als könnte das ganze Konkrete, das wir in einem Stil immer meinen, auf letzte, abstrakte allgemeinere Grundtypen zurückgeführt werden. Es handelt sich um die Aufstellung von Grundgegensätzlichkeiten, die in der ästhetischen Literatur vielfach behandelt sind und für die Johannes *Volkelt* (gest. 1930) das Recht beanspruchen will, daß es sich um letzte Stilgegensätze handelt. Hier wird ein Weg beschritten, wie ihn – so meint man – Kant beschritten haben würde; die fünf Stilpaare seien notwendig und die einzig möglichen. Es wird unterschieden: 1. elementarer und vernunft-geklärter Stil; 2. naiver und sentimentaler Stil, ein Gegensatz, der allerdings prinzipiell ist und bei Schiller prachtvoll herausgearbeitet wird; 3. objektiver und subjektiver Stil; 4. Steigerungs- und Wirklichkeits-Stil, was wir besser idealistisch und realistisch nennen; 5. typisierender und individualisierender Stil. Ist nun diese Aufzählung genügend? Sind dies letzte Bestimmungen?

Wir beginnen unsere Untersuchungen bei der zweiten Unterscheidung, *naiver und sentimentaler* Stil, und suchen den Nachweis anzutreten, daß hier tatsächlich ein Gegensatz in der stilistischen Einstellung getroffen und sehr richtig gesehen ist: die Stelle des Verhaltens der künstlerischen Persönlichkeit zur Natur; die Frage, ob das innere Erleben in der künstlerischen Persönlichkeit selbst den Charakter von Natur, bzw. von Naturhaftem unmittelbar hat, oder ob im künstlerischen Schaffen ein Reflex-Prozeß vorhanden ist, ein Streben nach Natur. Das Vorwaltende ist also: Natur selbst oder Streben nach Natur? Warum ist gerade dieser Gegensatz, den auch Schiller herausgehoben hat, so ungemein wichtig? Weil es sich hier um eine letzte weltanschauliche Unterscheidung handelt, die gar nicht auf das Gebiet des Künstlerischen allein beschränkt ist, sondern dem Kulturmenschen überhaupt eigen ist; das ist ein Unterschied der kulturellen Gesamteinstellung der geistigen Persönlichkeit als solcher. Es ist aber zu betonen: diese Unterscheidung spielt keineswegs in allem künstlerischen Schaffen die gleiche Rolle. Es gibt viele ästhetische Gegenstände, bei denen die Anwendung dieser Unterscheidung widersinnig wäre; und zwar darum, weil jedes Stilhafte ein Konkretes darstellt, das ein Typisches sein muß. Also, der Gegensatz naiv-sentimental ist ein ästhetischer Grundgegensatz. Und fraglos sind es Pole, die so gelagert sind, daß wir einzelne künstlerische Gestaltungen dem einen wie dem andern Inhalt zuordnen können. Diese Bestimmung ist selbst übertragbar, unabhängig von Persönlichkeiten, Zeitrichtungen usw., weil im Verlauf der historischen Entwicklung das Moment des Verhaltens zur Natur – gerade diese Frage – immer wieder eine zentrale Rolle in der Struktur der Persönlichkeit und der Gesellschaft als einer Ganzheit spielt.

Alle sentimentalen Perioden haben stilistisch etwas gemein, nämlich das Zurücksehnen aus einer überhöhten, raffinierten, dem Natürlichen abgewandten Kultur zur Natur. Das sind aber auch Stilrichtungen, die ganz unabhängig von der Periode, vom Zeitgeist, einzelnen Personen zukommen können. Wir haben ja auch in sentimentalen Perioden naive Persönlichkeiten. Und dadurch entsteht eine besondere Lagerung der stilistischen Wirkung. Z. B. Goethe ist an sich eine durchaus naiv gestaltende Persönlichkeit und setzt sich mit der sentimentalen Zeitrichtung auseinander. Ebenso ist Mozart ein unendlich naiver Gestalter, der in einer Formsprache des Rokoko gestaltet, die als Sprache und Strömung ganz und gar ein Erzeugnis einer sentimentalen Anschauung dasteht. Und so kommen interessante Kreuzungen von Zeitgeist und Persönlichkeit vor.

Gegenüber diesem Begriffspaar steht eine andere von Volkelt aufgestellte Stilgegensätzlichkeit, die des *elementaren und vernunftgeklärten Schaffens,* weit zurück.Im Wort Schaffen liegt schon das Moment bestimmt, an dem diese Unterscheidung orientiert ist: es ist das Schaffen. Da wird auf einen Gegensatz angespielt, der im künstlerischen Schaffen fraglos ein typischer, besonders deutlicher Gegensatz ist: das Schaffen, das auf unbewußte Triebkräfte reagiert und sich Durchbruch verschaffen will, und das Schaffen, das durch eine fortwährende Korrektur und durch Vergleichen eine vernünftige Klärung der Leistung herauskristallisiert. Zum Beispiel der Gestalter, der traumhaft, wie im Rausch den Schaffensprozeß ablaufen läßt, und der Schöpfer, der keine Zeile unkorrigiert durchläßt, wie z. B. Chopin, der keine Zeile ohne letzte Feile hinausgehen ließ.

Die Frage ist, ob darin eine Stilgegensätzlichkeit

liegt. Und da müssen wir ein Fragezeichen machen. Es scheinen noch besondere Bedingungen notwendig zu sein. Denn einer Reihe von Werken können wir diese Gegensätzlichkeit nicht ansehen. Volkelt gibt eine Fülle von Beispielen; aber die ganze Unterscheidung hängt in der Luft. Wenn wir derartig einteilen, dann zerfällt die Unterscheidung in ein Nichts. In dem einen Gedicht sei Goethe triebhaft; im anderen, wo die Glättung der Form uns entgegentritt, sei er vernunft=geklärt. Eine solche Stilbestimmung kann einfach nichts leisten.

Der Gegensatz *objektiv und subjektiv* ist wiederum ein weltanschaulicher: wie sehe ich die Welt? Diese Gegensätzlichkeit als Stilgegensätzlichkeit ist so weit, daß sie gar nicht das Künstlerische erfaßt; sie ist eine philosophische Gegensätzlichkeit, die Frage der Stellung zur Welt in Bezug auf das eigene Ich als unmittelbare Einheit. Auch da gilt: der Gegensatz wird nur wirksam, wo es sich um diese Gegenüberstellung im engeren Sinne handelt. Auch hier geht Volkelt in seiner Beispielsammlung ganz eigentümliche Wege. In der Musik soll nach Volkelt der Gegensatz des Objektiven und Subjektiven keine Rolle spielen. Es gibt aber wenige Künste, in denen der Inhalt so von der Erscheinung losgelöst ist wie in der Musik. Zum Beispiel Mozart ist ganz objektiv zur Welt eingestellt, im Gegensatz zu Beethoven; man betrachte auch die Personen in den Musikdramen. Volkelt gelangt merkwürdigerweise für Mozart zu einem gerade umgekehrten Resultat, Mozart sei subjektiv. Auf alle Fälle liegt hier eine Schwierigkeit in der Bestimmung, und zwar werden Gegensätzlichkeiten ausgedeutet, die gar nicht der Musik als solcher angehören. Mozart arbeitet rein musikalisch, Beethoven dagegen poetisierend; hierin sind sich übrigens Beethoven und Schiller innerlich entschieden verwandt. Der Gegensatz objektiv — subjektiv ist also ein so spezifisch weltanschaulicher, daß er auch nur da angewandt werden kann, wo dieses Moment des Weltanschaulichen eine Rolle spielt; und nur da kann er als prinzipieller Gegensatz im Personalstil gelten. Also auch dieses Stil-Gegensatzpaar löst sich in überästhetische Stilmomente auf.

Zu Volkelts viertem Stil-Gegensatzpaar. Was *wir* mit *Idealisieren und Realisieren* bezeichnen, enthält sicher einen prinzipiellen Gegensatz. Wir idealisieren, wenn wir an dem Charakter eine Reihe von Eigenschaften herausheben, scharf betonen, die allerdings das Wesen dieses Charakters ausmachen, aber so betonen, daß sie über die Wirklichkeit hinausgehoben werden. Die hier behandelte Wirklichkeit stellt den Charakter so dar, wie er im täglichen Leben vorkommen kann mit allen seinen Schwächen, mit den eigentümlichen komplizierten Zusammenhängen des umgebenden Lebens; diese Wirklichkeit, die hier gegeben wird, ist eine ästhetisch gesehene Wirklichkeit, nicht im Sinn einer erkenntnis-theoretischen Wirklichkeit.

Mit unserem Idealisieren und Realisieren dürfen wir Volkelts Gegensatz von *Steigerungs- und Wirklichkeits-Stil* nicht verwechseln.

Diese Eigentümlichkeit des Idealisierens, bzw. Steigerns wirkt sich in der dramatischen Dichtung dadurch aus, daß dieser Charakter als die Handlung bestimmend erfaßt wird. Im Realistischen dagegen wird ein Umgekehrtes bestimmt: der Charakter ist durch komplexes Zusammenwirken bestimmt. Im steigernden, idealisierenden Darstellen werden von der Persönlichkeit im einzelnen alle möglichen Abstraktionen vorgenommen, welche die Reinheit des Charakters garantieren sollen. Der gesteigerte Charakter ist, wo er auftritt, durch diese Eigentümlichkeit der Abstraktion immer ein viel einfacherer Charakter als der realistisch dargestellte. Dieser letztere ist durch die ganze Gebundenheit an Geschehnisse, Umgebung usw. notwendig ein viel komplizierteres Gebilde. Und diesen Unterschied sehen wir auch überall ästhetisch wirksam werden. Steigerung, Idealisierung liegt in einer Reihe von Stilen als solchen schon inbegriffen, z. B. in den repräsentativen Bauten des Barocks, im Gegensatz zu unserer realistischen Auffassung unserer Kirchen- und Wohnhausbauten. Wir könnten auch im Musikalischen diesen Unterschied im einzelnen verfolgen. Steigernd ist die musikalische Sprache des Barocks, die immer auf dem Kothurn der Kundgabe großer Momente einhergeht. Realistisch ist die Durchführung bei Romantikern, bei Schubert. Aber wir sehen wieder, im Gebiet der Romantik können wir nicht eine einheitliche Zuordnung treffen; denn Schubert etwa, dem realistisch Gestaltenden, ist eine typisch idealisierende Darstellung bei Schumann entgegenzustellen. Vielfach können wir dem romantischen Leben eine Tendenz zur Steigerung zugestehen, die freilich in anderer Richtung geht als die des Barocks.

Auch hier sind fraglos Gegensätze, die wir als spezifische Stilgegensätze beobachten können. Aber die Beispiele lassen auf der anderen Seite deutlich erkennen, daß dieses Moment des Idealisierens, des Steigerns in verschiedener Weise wirksam werden kann. Dieser Begriff ist also so weit, daß er kaum mehr imstande ist, eine konkrete Stilbestimmtheit zu enthalten, die wir in anderen Bestimmungen geradezu in Auswahl haben. Romantisch ist viel bestimmter als wenn wir sagen, das Werk gehöre dem Steigerungs- oder dem Wirklichkeitsstil an.

Ähnlich ist es beim fünften Gegensatzpaar, *typisierender und individualisierender* Stil. Auch hier betrifft es eine Gegensätzlichkeit, die wir schon bei der Frage der Modifikationen des Schönen eingehend berührt haben. Das Charakteristische, das eine Modifikation darstellt, ist in vieler Hinsicht dem Moment verwandt, das wir als individuell bezeichnet haben; verwandt insofern, als das Individualisieren ein Hauptmittel der Gestaltung ist. Wenn ich einen Gegenstand charakteristisch gebe, so ist er dadurch auch schon stärker, also relativ individualisiert. Das Schöne etwa als Hauptmodifikation hat demgegenüber gerade die Eigenschaft, immer ein typisches Ästhetisches darzustellen; die schöne Gestalt ist vor allem da, wo sie auf formale Schönheit aufgebaut ist, eine typische Gestalt, an der letzte Unterscheidungen des Individuellen, letzte Bestimmtheiten des Charakters vermißt werden.

Aber der Gegensatz Typisieren und Individualisieren ist wieder weiter als die Modifikation des Schönen und des Charakteristischen, die auf einer ähnlichen Grundlage beruhen. Das typisierende Darstellen ist ein idealisierendes Darstellen, verwandt durch die Abstraktion mit dem steigernden. Der Typus ist immer ärmer als das Konkrete mit seinen unwesentlichen Anhängseln. Dadurch, daß ich das Unwesentliche eliminiere, komme ich zum Typus; das ist das Mittel hierzu. Wieder erfasse ich den Gegensatz am einfachsten dort, wo die Gestalt, die typisiert wird, einen persönlichen Charakterinhalt darstellt; darum bietet die Behandlung menschlicher Charaktere den einfachsten Anlaß, das Typisieren zu bestimmen. An Schillers und Wagners Gestalten ist zu beobachten, daß hier Abstraktionen im idealisierenden und auch im typisierenden Sinn vorgenommen werden. Die Gestalten sind hier nicht gebunden an die Einzelheiten, wie sie in der ästhetischen Wirklichkeit erscheinen. Gerade dadurch zeigt sich, daß das Typisieren weiter ist als das Charakterisieren. Die Gestalten in Wagners Meistersinger zum Beispiel sind ausgezeichnet charakterisiert, aber nicht im Sinn einer Individualisierung einer Person zu einer vollen ästhetischen Wirklichkeit; sie sollen Typen darstellen. Die Verengerung des Typus ist der Zweck, dem die Idealisierung dient. Beckmesser z. B. ist und bleibt Repräsentant eines Typus, als der er charakterisiert ist.

Dieser Gegensatz – typisierender und individualisierender Stil – ist also vielfach verwandt mit der vorigen Unterscheidung idealistisch und realistisch, und ist doch nicht zusammenfallend. Wertvoll in der Leistung Volkelts ist, daß hier die Unterschiede betont werden. Das Realistische zerfällt also in verschiedene Richtungen; die zwei wichtigsten sind hier fraglos gut herausgearbeitet. Aber nicht alle individualisierende Richtung hat realistische Tendenz. Die Schumannsche poetische Tonsprache ist durchaus nicht realistisch, sondern durchaus steigernd, indem sie weit hinausgeht über das, was ein Individuelles in der Wirklichkeits-Sphäre darstellen könnte. Wir bleiben also immer an derselben Stelle stehen, nämlich an der Bestimmung dessen, was Wirklichkeitsdarstellung ist. Die ästhetische Wirklichkeit, ganz und gar verschieden von der Realität, von den Inhalten der konkreten Gegebenheiten, ist hier gemeint.

Eine Unterscheidung, die in ähnlicher Weise wie die Schillersche für eine Grundgegensätzlichkeit zu halten ist, ist von *Nietzsche* gleichnishaft ausgedrückt als *apollinisch und dionysisch.*

Was ist dieser Gegensatz? „Traum und Rausch", Traumkunst und Rauschkunst, mit diesen Ausdrücken wird in die Stimmung eingeführt, die erst die Möglichkeit für künstlerische Gestaltung gibt. Nietzsche sagt selbst, daß Traum und Rausch nur symbolisch zu verstehen sind. Da stellt die eine künstlerische Gestaltungsweise die Welt vor sich hin als eine Art von Erscheinung; diese Welt des Scheins (wie

Nietzsche sagt) oder vielmehr die Welt der Erscheinung (wie man besser und richtiger sagen muß) als physiologisches Problem wird erfaßt und gestaltet in einer Weise, die wir vielleicht gut mit dem Terminus „apollinisch" decken können; er trifft das Ruhige, Sachliche, das erst die Einstellung auf die Welt möglich macht. Auf der anderen Seite steht nicht das Gestaltete, sondern der Prozeß des Gestaltens, das Hervorbrechen der Gestaltungskraft, die sich in einem Rausch der Gestaltung entlädt; dieses wird mit „dionysisch" bezeichnet; auf der Gestaltung als einem ganz elementaren Prozeß der Reaktion des Schaffenden beruht die ganze Gestaltung als solche. Diese Erklärung von apollinisch und dionysisch ist aber nicht mehr ganz gleich wie bei Nietzsche. Aber sie wird von uns deswegen so allgemein ausgedrückt, weil Nietzsche einen Weg beschritten hat, den wir nicht auch beschreiten möchten; weil jener die Anwendung zu einseitig und eng machen mußte.

Er hat diese Ausdrücke auf die Künste als Ganzes angewendet. Die Musik ist ihm dionysische Kunst, wohlgemerkt die Musik insgesamt. Auch jede poetische Darstellung, die ihrerseits das Stimmungsmäßige in den Vordergrund stellt; die lyrische Darstellung in bestimmten Zusammenhängen wird also an sich schon prinzipiell mit dem Dionysischen eng verknüpft. Demgegenüber werden als apollinisch bezeichnet die plastische, malerische, deskriptiv-poetische Kunst. Eben diese Zuordnungen, die Nietzsche trifft, sind vollkommen unhaltbar. Was wir als Kern des Apollinischen und Dionysischen ansehen, ist abhängig von der künstlerischen Gestaltung und ist überall in gleicher Weise durchführbar. Die primäre Zuordnung der Abbildlichkeit zum apollinischen Typus könnte man sich noch gefallen lassen; man könnte sagen, es liege primär in jeder abbildenden Kunst, eine Abbildung zu geben. Aber erst was ästhetisch daraus gemacht wird, ist daran bedeutsam.

Was ist apollinisch? So müssen wir in diesem Zusammenhang fragen. Apollinisch ist die Darstellung einer Erscheinung in der Weise, daß das, was ich dem dargestellten Inhalt entnehme, mir in der Ruhe, in einer vollkommen über der Sache stehenden Objektivität gegenübersteht. Die Raffaelsche Malerei ist apollinisch; Goethes Lyrik ist es; auch Mozart ist eine richtige apollinische Gestalt. Dieses Moment, hier als Objektivität bezeichnet, ist nicht ganz so weit, daß etwa der Gegensatz objektiv und subjektiv sich dekken würde mit apollinisch und dionysisch. Die Beethovensche Tonsprache ist im Prinzip dionysisch gedacht; die Objektivität, die hier vorliegt, ist dadurch gegeben, daß in dem elementaren Sinn der vorliegenden Gestaltung ein ganz individualisierendes Subjekt wieder verschwindet. Hier liegt also eine Gegensätzlichkeit vor, die wir nicht mit andern Stilgegensätzlichkeiten, wie wir sie bisher betrachtet haben, dekken können. Weder vernunftgeklärt und elementar noch objektiv und subjektiv decken sich demnach mit apollinisch und dionysisch. Das Moment des Rausches kann hier annähernd in Anspruch genommen werden; es will nur die absolute Ergriffenheit des Menschen in der künstlerischen Gestaltung bezeichnet werden, der ganze Mensch geht in dieser Ergriffenheit auf. Von einer totalen Ergriffenheit als solcher können wir aber nicht sprechen, weil überall das Moment der Anschauung, also ein aktives Moment im Vordergrund der künstlerischen Auffassung liegt. Darin ist auch begründet, daß die Forderung des Apollinischen, wo immer es charakteristisch heraustritt, die Forderung des Maßes ist, die Forderung der Ruhe, die wir im Hinblick auf die Gestaltung als spezifisch klassisch bezeichnen. Das Apollinische und Dionysische sind Extreme; wir können aber nur an extremen Typen aufzeigen, worin die Besonderheit des Typus liegt. Und dem Dionysischen ist immer die Tendenz des Maßlosen eigen. Wo nun so extreme Formung wie bei Beethoven ist, da wirkt das andere Extrem in das Dionysische herein.

Dieser hier in Frage stehende Gegensatz macht nicht den eigentlichen psychologischen Gestaltungsprozeß aus; da müßten wir – wie sich uns sogleich zeigen wird – zu ganz anderen Typisierungen kommen. Diese beiden Typen sind nur Einstellungen zur Gestaltung als solcher, zur Erfassung des Inhalts. Und sie sind so allgemein, daß sie wieder einen weltanschaulichen Charakter in sich schließen. Psychologisch würden andere Typenordnungen zu bestimmen sein. Aber hier zeigt sich die merkwürdige Tatsache, daß die Volkeltschen Unterschiede der Gestaltung in ungleich schwächerem Maße stilbildend sein können als dies bei dionysisch und apollinisch gilt. Schon der Versuch, psychologisch zwischen elementaren und vernunftgeklärten Inhalten zu unterscheiden, muß zu ganz bedenklichen Rückschlüssen führen; denn der Anteil des Mehr oder Weniger an Vernunft kann niemals den Unterschied konstituieren, den wir in dionysisch und apollinisch vor uns haben.

Gerade hier erschließt uns die *psychologische Analyse der Schaffensweise* der einzelnen Meister wertvolle neue Einblicke. Als Beispiel diene Mozart. Wenn er als elementar bezeichnet würde wie von Volkelt, dann wäre es doch unbegreiflich, wie er ein apollinischer Darsteller sein kann. Mozart ist für die Aufstellungen Volkelts das denkbar ungeeignetste Beispiel. Übrigens hat Volkelt selbst sehr richtig gesehen, daß in diesem psychologischen Verlauf des Schaffens eine kritische Einstellung ganz und gar nicht besteht. Was wir von Mozarts Schaffen wissen, trägt den Stempel eines Elementar-Selbstverständlichen, einer Naivität der Einstellung des Ich zum Prozeß des Schaffens. Eine solche Einstellung finden wir auch bei anderen apollinischen Meistern. Das gleiche ist ja auch bei Goethe zu beobachten, man achte nur auf die scheinbar spielende Aneinanderreihung der Gedanken.

Was ist, psychologisch betrachtet, an diesem Schaffen das Wesentliche? Diese Typen, *naive* und *elementare* Typen, haben die Leichtigkeit des Schaffens gegenüber dem zu formenden Stoff. Z. B. Mozart schreibt, daß ihm eine Reihe von Tongedanken zuströmte, und besonders dann, wenn er nicht im Schaffensprozeß war, z. B. beim Billardspiel; die Gedanken strömten ihm fertig zu, der ganze Prozeß lag nur noch in der Ausgestaltung. In der Literaturgeschichte ist schon öfters aufgefallen, daß vollkommen neue Formen bei Goethe kaum zu finden sind. Auch Mozart war kein spezifischer Form-Neuschöpfer und Neutöner; sondern die ungewöhnliche Kraft, das Vorliegende zu durchdringen, macht den Reichtum seiner Schöpfungen aus. Auch bei Schubert wissen wir um eine Leichtigkeit der Gestaltung, die mit einem nicht etwa hergeholten, sondern zuströmenden Material arbeitet, so daß der Stempel des Naiven und Elementaren aufgedrückt scheint. Aber hier gilt auch, was Nietzsche schon sagt: Was in der Kunst am naivsten erscheint, ist in Wahrheit das komplizierteste; diese Beobachtung ist richtig und wertvoll. Der Prozeß, der die Ursache zu dieser leichten Produktion bildet, der Prozeß der Aufnahme der Inhalte und der geistigen Durcharbeitung, liegt weit vor dem eigentlichen Schaffensprozeß.

Ganz anders verhält sich eine Reihe von künstlerischen Persönlichkeiten, an denen man gerade die Arbeit an dem von der künstlerischen Intuition Überkommenen kennt. Hier gelangen wir zum Eindruck eines spezifischen Ringens, einer *konstruktiven* Änderung der Einfälle usw. Das sind die Meister, welche die einfachen Gedanken in ihren Skizzenbüchern haben, die Jahre hinaus an derselben Idee arbeiten können, die aufstapeln und ansammeln können, bei denen der Schaffensprozeß den Eindruck einer besonderen — sagen wir — Vernunftgeklärtheit macht. Z. B. Beethoven und seine Skizzenbücher und besonders auch die Bemerkungen dazu. Dem ist aber im Eindruck des ästhetischen Inhalts nicht so. Der Prozeß, wie und wo die Vernunftklärung einwirkt, ist als solcher ziemlich irrelevant für das Erscheinen der Tondichtung. Dem Erscheinen nach ist Mozarts Kunst fraglos einheitlicher als die Beethovens. Darum könnte man auch die spezifisch geklärte Form Goethes als vernunftgeklärt auffassen. Es zeigen sich also Unterschiede, die ganz anders einfließen in die Gesamterscheinung. Da ergibt sich die seltsame Beobachtung, daß gerade die elementaren, dionysisch angehauchten Geister vielfach dem konstruktiven Typus angehören. Da ist die Kunst Wagners im Tristan mit ausgesprochen elementaren Zügen, in der noch eine andere, die dritte Hauptform der Inspiration eine wesentliche Rolle spielt.

Es gibt noch eine dritte Grundform, eine *inspiratorische* Schaffensweise, die sich vor allem dadurch charakterisiert, daß sie besonders eng an die momentane Disposition des schaffenden Künstlers als solche geknüpft ist. Wir wissen von Mozart, daß er bei allen möglichen und unmöglichen Gelegenheiten schöpferisch tätig war. Wir wissen vom konstruktiven Typus, daß er sehr unabhängig sein muß im Schaffen; sonst könnten diese Meister nicht weit zurückliegende Themen wieder aufgreifen. Dieser dritte Typus aber kennzeichnet sich gerade dadurch, daß der Moment der Intuition als solcher ein unwiederholbarer konkreter Moment ist. Wir sagen, es sei eine ganz besondere Stimmung, unter der allein in einer unmittelbaren Schau die Intuition entspringe. Das ist ein improvisatorisches Moment des Schaffens. Unter dem Eindruck der Ganzheit der Stimmung bricht die Gestaltungskraft hervor. Die Eigenart nach der formalen Seite hin ist schon dadurch garantiert, daß dieser Zug der Unwiederholbarkeit sich auch in der Gestaltung ausspricht. Ein typischer Improvisator ist Schubert; er schreibt ein Lied hin, in einer andern Stimmung vertont er denselben Text wieder ganz anders; kein Umändern, kein Angliedern, sondern unter einer geistigen Struktur der Disposition kann nur diese eine Form entstehen. Dasselbe sehen wir auch in Wagners Tagebüchern und Briefstellen immer wieder charakteristisch hervortreten. Auf einmal kommt das Ganze des Plans in unmittelbarer Intuition; und die Unendlichkeit der Gestaltung und die Leiden des Durcharbeitens stellen sich ein, die darin bestehen, daß Tage und Jahre vergehen, wo die Einstellung der improvisatorischen Grundidee in dieser Art sich nicht mehr finden lassen will. Negative Perioden kommen bei jeder künstlerischen Persönlichkeit vor, aber nirgends so wie hier. Wagner, Hugo Wolf, Chopin wären an dieser Eigenart des Schaffens seelisch beinahe zugrunde gegangen. Was dann aus dieser Stimmung produziert wird, steht in einem merkwürdigen Gegensatz zum beschwingten, hochgemuten übrigen Schaffen.

Zusammenfassend sagen wir: Der naive Schaffenstypus trägt den Charakter der inneren Notwendigkeit des natürlichen Flusses, der konstruktive Typus den Charakter des Bewußten, der inspiratorische den Charakter des inneren Zwanges.

Wir gelangten nun wieder zu einer Analyse des künstlerischen Schaffens, diesmal vom psychologischen Standpunkt aus, der sich auf den Prozeß des Schaffens eingestellt hat. In diesen psychologischen Typen treffen wir allerdings Eigentümlichkeiten der Person, die fraglos den Stil mitbedingen.

Aber der Versuch, die Eigenart des typischen Schaffens *am Kunstwerk selbst* nachzufühlen, zu erfassen, innerlich zu erleben, fällt sehr kompliziert aus; und zwar deswegen, weil wir dem Kunstwerk primär niemals ansehen können, wie es entstanden ist. Erst sekundär, in Verbindung mit anderen stilistischen Bestimmtheiten, können wir Rückschlüsse ziehen; und diese Rückschlüsse sind ziemlich komplizierter Art. Dem *naiven* Schaffen können wir immer eine vorzügliche Formreife von Anfang an zuschreiben; schon formal ist der Naive ein Frühreifer, er konzipiert die Form von Anfang an mit einer gewissen Sicherheit. Dadurch ist ja dieser Typus mitbestimmt, daß er im Prinzip nicht die Tendenz hat, spezifisch neue Formen zu schaffen, Originelles zu sagen, sondern er durchdringt alles im Bereich des Vorhandenen.

Formprobleme spielen im *konstruktiven* Typus eine viel größere Rolle. Alle großen Meister dieser Art können wir in ihrer Eigenart erkennen, daß sie in besonders sinnfälliger Weise am Sturz alter Formen und an der Schöpfung neuer Formen mitarbeiten. Die Entwicklung der Beethovenschen Sonatenform ist eine bewußte Erweiterung zu diesem bestimmten Ziel, dem gegenüber der Reichtum der Mozartschen Formen viel mehr den Charakter des Zufälligen hat. Der Inhalt wirkt zur Formgestaltung mit.

Diese Art, nicht vollbewußt in der Struktur der Form zu verlaufen, müssen wir auch dem *inspiratorischen* Typus zuerkennen. Wenn wir entwicklungsmäßig auf einen einzelnen Meister oder eine Zeitrichtung hinschauen, ist hier vielfach zu beobachten, daß ein Neues kommt, und zwar in einer nicht erwarteten Form. Die Inspiration führt zu einer spezifisch neuen Leistung, die oftmals im Schaffen des Künstlers vor dieser Inspiration keinen Anhalt hat. Z. B. bei Schubert können wir Inhalt und Formsprache nicht von vornherein ahnen: er arbeitet sich schon in frühen Jahren in besonderen Inspirationen zur Meisterschaft hinauf; ein Lied wie „Gretchen am Spinnrad", das wie ein Blitzstrahl in die bisherige Kompositionsweise hineinfällt, ist ohne Inspiration nicht zu begreifen. Noch ein Moment ist zu betonen: Die typische inspiratorische Schaffensleistung scheint sich stilistisch vielfach darin zu äußern, daß sie Stilprinzipien bevorzugt, die hinsichtlich der künstlerischen Gattung des jeweiligen Gegenstandes ein von außen Kommendes in sich schließen; der inspiratorische Künstler steht vielfach im Bereich der literarischen Beeinflussung, einer literarischen Beeindruckung. Bei spezifisch inspirierten Dichtern, Dichterkomponisten dagegen können wir vielfach eine eminente musikalische Veranlagung, bzw. Anregung beobachten. Auch bei Malern ist es so.

Die Verbindung der einzelnen Schaffenstypen scheint ebenfalls bestimmten Gesetzmäßigkeiten zu unterliegen und zu bestimmten Komplexen zu führen, die wiederum in ihrer konkreten Bedeutung eine Reihe von Meistern aus gewissen Gebieten heraus zu einem engeren Kreis zusammenschließen; z. B. das Inspiratorische, das auch bei Bach vorkommt; umgekehrt der Typus des Inspiratorischen, der sich ähnlich leicht wie Schubert in der formalen Gestaltung tut.

Individuelle Stilentwicklung. Jede einzelne Individualität entwickelt sich, und jede entwickelt sich eigens. Jede einzelne Individualität stellt eine gewisse Kapazität einer bestimmten Eigenart dar, die bestimmte Stilentwicklungen in sich aufnehmen und andere nicht mehr aufnehmen kann. Nirgends tritt dieser Umstand deutlicher zutage, als wenn über *Echtheit oder Unechtheit* eines Kunstwerkes entschieden wird. Der Stilbeweis, der hierbei zu führen ist, hat in den Werken gewissermaßen ein fertiges System vor sich, gestaltete Idee, aus deren Gestaltung er auf die Identität des Schöpfers schließt. Er abstrahiert aus der Gestaltung jenes Etwas, das mit dem Schöpfer in eins zusammenzufließen scheint, das Individuelle. Solche Emanation der Persönlichkeit im Werk erfassen wir zunächst durch Einfühlung. Und immer noch rekurrieren individuelle Stilbeweise mit Vorliebe auf das Gefühl als letzte Instanz. Es bleibt jedoch nichts=

destoweniger das Ideal der Wissenschaft, das Gefühlte begrifflich allgemein zu fassen; sie will Kriterien des Individualstils auffinden und mit genügender Deutlichkeit bestimmen.

Die Frage nach der Identität zweier Meister kann stilkritisch zwei verschiedene Probleme in sich enthalten, je nachdem die fraglichen Autoren gleichzeitig oder nacheinander nachweisbar sind. Die Fragestellung des ersten Problems lautet etwa: Lassen sich zwischen zwei durch Analyse der voll signierten Werke gewonnenen Individualstilen letzte Differenzen aufweisen oder nicht? Die Lösung besteht in fortschreitender Differenzierung der Stilanalyse. Im zweiten Fall hingegen ist die Frage zu beantworten, ob von einem Stil als Ausgangspunkt eine individuelle Entwicklung in den andern möglich oder denkbar sei. Die Antwort darauf erfordert eine Aufsuchung der individuellen Grenzen beider Stile. Der Gegensatz zwischen den genannten Aufgaben liegt jeweils im entscheidenden Kriterium der Identität: dort ist es die mögliche Stilverengerung, hier die mögliche Stilerweiterung.

Es scheint doch Gesetz zu sein, daß Keime der späteren Entwicklung in früheren Stadien irgendwie vorgebildet sind, und daß einmal erarbeitete konstruktive Stileigentümlichkeiten in keiner späteren Periode gänzlich verschwinden. Der innere Zusammenhalt im Wechsel der Formaufnahme und Formgestaltung – der nur bei Kopie und Plagiat versagt –, das ist es eben, was formal das Individuum ausmacht und zugleich seine Grenze bedingt. Das Individuum im stilkritischen Sinn ist nichts anderes als die Tatsache der eigentümlichen Verarbeitung, Beseelung und Weiterbildung des Gegebenen, der Neuschöpfung aus gegebenen Elementen. Die stilkritisch abgeleitete Individual-Entwicklung muß mit der Lebensentwicklung der Persönlichkeit irgendwie korrespondieren. Das Kunstwerk, ein Spiegel des Lebens, will aus dem Leben verstanden sein.

Das Problem der Stil-Identifikation ist das eigentliche Grundproblem des Individualstils. Daran können wir sehen, ob wir einen Individualstil als solchen erfaßt oder nicht erfaßt haben. Das Werk muß in die Entwicklungslinie eingeordnet werden, so daß es uns verständlich erscheint. Die inneren Kriterien der Stilechtheit haben zunächst die Tendenz, historische Daten äußerer Art aufzuzeigen, die uns die innere Schwierigkeit abnehmen sollen. Gelingt das nicht, so zeigt sich eine ganz große Hilflosigkeit; wir haben uns an Äußerlichkeiten gehalten.

Aber der Stil wird nicht nur begreiflich abgeleitet, analysiert, sondern auch erlebt. Es gibt ein *Stilerlebnis*, das die *Totalität* von all dem, was an Stilmerkmalen festzustellen ist, erlebt. Z. B. Beethovens Adagio-Thema, das klingt in die romantische Sphäre hinein; Choral, er klingt in die kirchliche Sphäre hinein; ein andres Beispiel ist mit Jugendstil, Alterstil eines Meisters gegeben; selbst derartige Komplexe sind uns unmittelbar gegeben. Hier zeigt sich wiederum, daß die eigentlich grundlegende Reaktionsweise, das Einreihen des unmittelbar Gehörten in zunächst unbestimmt gegebene Sphären, den eigentlichen Wesenskern jenes Prozesses ausmacht. Alles künstlerisch Geformte tritt uns zunächst entgegen in einer Form, die wir nicht begrifflich analysieren, sondern die wir in ihrer Gesamtheit anschaulich erleben. Stil-Erleben ist also eine der höchsten und auch charakteristischsten Formen des ästhetischen Genusses. Höchste Formen sind sie deshalb, weil hier alle Eigenheiten des Kunstwerks zusammengefaßt werden, nicht nur auf sinnliche Wirkung, formale Gestaltung, momentanen seelischen Ausdruck hin erfaßt werden, sondern weil sie ergänzend zusammengefaßt werden zu einer Totalität der zeitlichen Sphäre, des gesamten Typus, überhaupt zu einer Totalität der reichen Bedingtheiten der Sphären. Das Letzte im musikalischen Kunstwerk sind seelische Gesamtheiten, Richtungen und Einstellungen auf die Umwelt und Mitwelt. Es sind Umbildung, Charakterisierung des Weltanschaulichen, Einstellung der musikalischen Gehalte in die Gesamtauffassung des Lebens. Dies scheint das letzte Ziel der ästhetischen Einstellung auf das musikalische Kunstwerk zu sein.

In dieser Erfassung gibt es eine mannigfache Variierung nach Graden. Wir können uns dazu erziehen und bilden, das Kunstwerk mit dem Ganzen der in ihm ruhenden seelischen Gehalte anzufüllen. Die Methode zur *Erziehung*, die im einzelnen gerade in der letzten Zeit sehr eifrig durchgearbeitet worden ist — Versuche der musikalischen Hermeneutik, Versuche der Form=Analysen der Kunstwerke –, muß eigentlich erst wiedergefunden werden: Es gibt in der musikalischen Kultur Perioden, z. B. die Renaissance, in denen jene Erziehung zum musikalischen Hören weit mehr durchgebildet war, als dies in der heutigen musikalischen Erziehung der Fall ist. Eine derartige Hermeneutik kann fruchtbar werden nur dadurch, daß sie den ganzen komplizierten Prozeß der Entstehung musikalischer Gehalte verfolgt, indem wir uns klarlegen, daß es bestimmte Verhaltensweisen gibt, die auf den einen oder andern Musikgenießenden zugeschnitten sind. Aufgabe der Hermeneutik ist nicht, ein festes Programm darzulegen, was dieser oder jener Melodieschritt usw. zu bedeuten habe, sondern darzulegen, daß der Reichtum der ästhetischen Anschauung dem Reichtum der ästhetischen Gehalte entspricht. Hier müßte eine neue Kunsterziehung einsetzen.

Die musikästhetische Literatur beschäftigt sich sehr häufig mit bestimmten theoretischen Fragen, denen ein viel zu großer Einfluß auf die musikästhetische Betrachtungsweise zugeschrieben wird, z. B. der Frage der Stellung des musikalischen Dramas, der Wort=Ton=Kunst, der Programm=Musik usw. In der Behandlung fehlt vielfach die Hauptsache, d. i. die Anerkennung der unendlich reichen Einstellungsmöglichkeiten auf die Kunstwerke und die Herausarbeitung jener Einstellung, die für jene Kunstwerke die adäquate ist.

Wir müssen unsere gesamte Ästhetik wieder aufbauen auf dem *Erleben.*